# L'Association internationale de la presse sportive

Au cœur du sport

Alain Lunzenfichter

# L'Association internationale de la presse sportive

## Au cœur du sport

*De Paris à New York,*
*du Vieux Continent au Nouveau Monde,*
*quatre-vingts ans pour rassembler*
*ou la tumultueuse histoire*
*de l'Association internationale de la presse sportive (AIPS)*

« L'AVENTURE DES JOURNALISTES SPORTIFS »

atlantica

**Dans la même collection**
**« L'Aventure des Journalistes Sportifs »**

*Journalistes de sport. Militants, institutions, réalisations. Rapports avec le mouvement sportif,* Jacques Marchand, 2004

*Les patrons du tour. D'Henri Desgrange à Jean-Marie Leblanc,* Jacques Marchand, 2003

*Jacques Goddet. Journaliste d'abord,* Jacques Marchand, 2002

*Les défricheurs de la presse sportive,* Jacques Marchand, 1999

ISBN : 2-84394-743-X



Atlantica-Séguier : Biarritz : rue de Loustalot – 64600 Anglet – 05 59 52 84 00
atlantica@atlantica.fr
Paris : 3, rue Séguier – 75006 Paris – 01 55 42 61 40
seguier@edi-pole.com

Catalogue en ligne : www.atlantica.fr

4e de Couverture : *Athlète, champion olympique de rugby, dirigeant, Frantz Reichel a jeté les bases de l'Association internationale de la presse sportive en 1924. Il en fut le premier président.*
(© collection Serge Laget)

*À mes parents, ma femme, ma fille,*
*mes collègues…*

*Préface*

# Quarante ans, après Frantz Reichel...

*Si j'ai sollicité la présidence de l'AIPS, dans une période de relance de l'après-guerre, entre 1964 et 1973, ce n'était pas pour ajouter un titre de plus, international de surcroît, à ma carte de visite, mais d'abord parce que de fortes raisons réclamaient un engagement de ma part dans une croisade devenue nécessaire pour rétablir le journalisme de sport à sa place, dans l'ensemble de la presse et dans l'activité sportive.*

*J'avais, alors, le devoir d'internationaliser l'action que je menais, sous la bannière de l'USJSF, pour faire reconnaître et valoriser le travail de mes confrères, journalistes, spécialistes de sport et, en plus j'avais le devoir moral de reprendre et poursuivre l'œuvre de mon célèbre compatriote Frantz Reichel, fondateur de L'AIPS, quarante ans plus tôt (1924).*

*La détermination française à obtenir reconnaissance et respect du journalisme de sport serait restée vaine, si elle n'avait pas été consolidée sur le plan international et – n'ayons pas peur du mot – déjà mondialisée.*

*Il fallait réglementer et contrôler les accréditations réservées aux journalistes de sport de toutes nationalités, il fallait partout obtenir des dispositions nationales et internationales pour prévoir l'accueil des envoyés spéciaux dans des tribunes de presse équipées techniquement pour permettre la transmission instantanée des résultats, des commentaires, des illustrations et bientôt des images télévisées, à partir des lieux des compétitions.*

*Ce qui, aujourd'hui, est une évidence pour nos confrères habitués à disposer de tous les moyens modernes pour effectuer leur travail professionnel, l'était beaucoup moins, croyez-moi, après une guerre qui venait de tout ravager, les relations comme les institutions. Il fallait reconstruire et reconstruire solide pour les générations futures. Il fallait reconquérir et garantir une certaine indépendance du journaliste, dans un monde en évolution et en ébullition commerciale où le pouvoir économique commençait à vouloir contrôler le monde médiatique. Si la France avait été seule à réclamer ces garanties auprès des organismes et organisations du sport, elle n'aurait pas été entendue. Il fallait parler partout le même langage, mais dans des langues différentes.*

*J'ai bénéficié de circonstances favorables, en obtenant l'appui et la confiance de nos confrères de voisinage, de Belgique, d'Italie, d'Espagne, d'Allemagne, de Suisse et des représentants des pays de l'Est de l'époque. J'ai été aidé par mes compagnons de l'USJSF, qui partageaient les mêmes convictions et participaient à nos actions : Maurice Vidal, Jacques Ferran, Jacques Marchand, Michel Hénault de l'AFP dont la parfaite connaissance du milieu olympique et de la presse étrangère, nous était précieuse. Je n'oublie pas l'action de la section Rhône-Alpes de l'USJSF qui avait accepté d'organiser, à l'improviste, à Lyon, le congrès de l'AIPS de 1963, lequel a préparé mon élection l'année suivante à Munich.*

*J'avais pourtant à surmonter un sérieux handicap de communication au poste que j'allais occuper : je ne pratiquais que ma langue maternelle. Ma carence fut heureusement compensée par mon entourage. D'abord, le congrès avait élu au secrétariat général un confrère belge, Antoine Herbauts, organisateur incomparable des services de presse internationaux qu'il dirigeait avec compétence et autorité, sans se départir de l'esprit confraternel, en plus, il maîtrisait une pratique linguistique plus étendue et plus variée que la mienne et j'avais pu m'adjoindre les services d'un de mes collaborateurs du* Parisien Libéré, *Edgard Joubert, capable de tout traduire et tout transcrire en cinq langues. Ce qui nous a permis de publier le bulletin de l'AIPS en versions anglaise, allemande, espagnole, en plus de la française, langue de référence puisqu'elle était la langue maternelle, celle de la naissance en 1924. Ce qui aujourd'hui, je le regrette, semble trop souvent oublié, même par les Français.*

*Mais le contexte international de l'époque me fixait un objectif diplomatique encore plus délicat qui était d'établir l'équilibre et la compréhension entre les associations du bloc de l'Europe de l'Est et celles du bloc occidental. Ma chance fut encore de pouvoir m'appuyer sur un vice-président soviétique Pietr Sobolev, conscient de ses responsabilités et soucieux de l'unité de la profession et du trésorier, le Hongrois Itsvan Szombathy, un homme de grande culture et de talent, il était par son humour et son comportement un Antoine Blondin magyar.*

*Je crois qu'en huit ans, nous avons fait du bon travail et remis sur rails certains principes qui sont indispensables aux journalistes de tous les pays du monde spécialistes de sport, l'actualité la mieux partagée parce que la plus universelle.*

*Je n'ai rien inventé, mais j'ai repris, j'ai adapté et tenté de concrétiser ce qui avait été à l'origine l'action de Frantz Reichel : faire reconnaître l'AIPS comme l'institution incontournable pour toutes les opérations de communication et d'information, concernant la compétition sportive internationale, assurer à la presse sa place, toute sa place dans le système du spectacle sportif, en la faisant reconnaître et respecter, parce qu'elle est indispensable au succès populaire et au rendement commercial du sport, à condition de lui garantir toute liberté pour remplir sa mission éditoriale.*

*C'était le programme, à l'origine de Frantz Reichel, ce fut le mien, quarante ans plus tard, ce fut encore l'armature du congrès du Soixantenaire à Paris en 1984. Qu'en reste-t- il pour l'AIPS, octogénaire en 2004 ?*

*La réponse appartient aux actuelles et futures générations, je leur conseille de voir loin devant, en perspective du centenaire, mais d'avoir l'œil dans le rétroviseur pour s'appuyer sur la détermination et les acquis de leurs aînés qui leur ont préparé le terrain et les ont armées d'un précieux outil de travail.*

*Il fallait leur fournir un témoignage et raconter ce déjà long cheminement de l'AIPS. Alain Lunzenfichter, fort bien placé comme dirigeant en activité, au carrefour de plusieurs génération, a pris l'initiative de le faire et nous ne pouvons que le féliciter de l'avoir fait.*

**Félix Levitan**[1]

*Quatre-vingt-sept des sept cents journalistes venus couvrir les Jeux olympiques de Paris, en 1924, forment l'AIPS sur un ring, avenue des Champs-Élysées, dans les locaux du Sporting Club de France.* (© collection AIPS)

1. Félix Lévitan avait renoncé à la présidence pour un troisième mandat en 1973 à Londres, estimant cette fonction incompatible avec la responsabilité de codirecteur du Tour de France cycliste qui venait de lui être récemment confiée. Franck Taylor (Grande-Bretagne) lui a succédé, Maurice Vidal (France) étant porté à la première vice-présidence. Félix Lévitan, doyen des anciens présidents de l'AIPS retraité à Cannes, âgé de 94 ans, a reçu, fin 2003, année du Centenaire du Tour de France, la cravate de commandeur de l'ordre de la Légion d'honneur, des mains du ministre des Sports, Jean-François Lamour.

# Introduction

*« Je considère la haute mission du journaliste comme l'une des plus hautes dont le progrès de la civilisation ait investi l'humanité. »*

Pierre de Coubertin

Pourquoi écrire une histoire de l'AIPS, l'Association internationale de la presse sportive ? Nombreuses sont les organisations professionnelles à œuvrer quotidiennement dans leur secteur, chacune affrontant son lot de querelles picrocholines sans pour autant exciter la plume du moindre chroniqueur. Or, il n'y a guère de raison d'imaginer que la presse soit incapable de générer, elle aussi, de puissants effets soporifiques. Pour le dire sans détours, si une recherche appliquée à l'histoire de l'AIPS devait se limiter à une compilation chronologique de congrès ou d'assemblées générales, de composition d'exécutifs ou de toilettage de statuts, l'affaire ne mériterait assurément pas de voir le jour.

De fait, qui se soucie réellement aujourd'hui de savoir que la désignation de son premier président, le français Frantz Reichel, date du 3 juillet 1924 ? Personne, véritablement ! Du moins, tant que l'on ne prend pas la peine de préciser, dans le même souffle, que cette désignation était alors intervenue au cours d'un congrès fondateur organisé à la veille de la cérémonie d'ouverture de Jeux olympiques alors accueillis par Paris. Une édition des Jeux dont

Frantz Reichel, journaliste au quotidien *Le Figaro*, était parallèlement le secrétaire général. Et une AIPS dont il avait rêvé la création lors de l'édition précédente des Jeux, en 1920 à Anvers. Voit-on le point se dessiner ? Pas encore ?

Poursuivons donc notre opération de « teasing » en ajoutant un indice supplémentaire. Ainsi, avec l'aval de l'AIPS, un certain Juan Antonio Samaranch, ignorant alors qu'il deviendrait un jour président du Comité international olympique (CIO), devait être accrédité comme reporter pour le journal espagnol *La Prensa*, à l'occasion des Jeux organisés à Helsinki en 1952. Y est-on, cette fois ?

La naissance, puis les premiers pas et, enfin, l'action de l'AIPS ne sauraient se décrire indépendamment de la montée en puissance du CIO et des Jeux, mais également de l'action des médias, d'abord créateurs d'événements sportifs pour élargir leur lectorat et, aujourd'hui, par le biais des droits de télévision, puissants financiers du sport spectacle dont les Jeux constituent le plus beau fleuron. Ce double mouvement ascensionnel – olympique et médiatique – l'AIPS l'a perçu, intégré, accompagné, relayé, sans pour autant cesser de poursuivre sa mission initiale, c'est-à-dire la défense des droits et devoirs des journalistes sportifs. Hors de cette double tension, son histoire n'aurait guère de sens, car la réussite de l'AIPS réside précisément dans sa capacité à poursuivre son objet dans un univers éminemment mouvant.

Ce sont donc ces trois histoires que nous allons tenter de retracer ou, du moins, leur étroite imbrication, afin de bien mesurer le chemin parcouru par l'AIPS mais aussi l'ampleur du défi à venir. Car, si percevoir les évolutions et leur incidence probable sur les conditions de travail futures des journalistes sportifs n'a assurément jamais été chose facile, il n'en faut pas moins considérer que le paysage s'est infiniment complexifié au fil des décennies. Être capable de percevoir, à la fin du XIXe siècle, dans le vélocipède triomphant l'avènement prochain de la bicyclette et, surtout, le bouleversement que la venue de cette dernière allait apporter dans le paysage sportif et journalistique, n'avait rien d'une évidence. Mais, sans jamais perdre de vue ses propres valeurs humanistes, être capable de découvrir aujourd'hui les bonnes réponses face au tourbillon mercantile dans lequel le monde du sport semble emporté, est un défi d'une toute autre ampleur. Or, comment affronter un avenir des plus incertains quand on ne dispose pas d'une connaissance précise de son propre passé ?

Notre culture de journaliste doit-elle, à chaque génération, faire table rase du passé ou, au contraire, intégrer pleinement le legs des générations passées pour l'enrichir ensuite avec nos acquis modernes ? J'ai la faiblesse d'incliner en faveur de la seconde approche. Car, personne ne saurait être plus grand qu'un petit enfant perché sur les épaules d'un géant.

## *Chapitre I*

## De la presse sportive au sport

L'histoire du sport et celle de la presse sont intimement mêlées et rythmées par trois grandes séquences. Une préhistoire allant de l'Antiquité à 1920, puis une période de développement s'achevant en 1960 à Rome lors des Jeux olympiques et, enfin, la phase d'explosion technologique que nous connaissons depuis. Si aujourd'hui, l'importance reconnue au sport et à la presse dans notre société a grandement progressé, l'un et l'autre le doivent dans une large mesure à leur alliance fructueuse. C'est du moins ce que nous entendons montrer.

Homère dans *L'Iliade* décrit, douze siècles avant la naissance de Jésus-Christ, les épreuves athlétiques que disputaient, pour se divertir, les chefs et les soldats de l'armée grecque durant la guerre de Troie. Il y consacre même plusieurs chapitres, devenant ainsi, de fait, le premier journaliste sportif au monde. Quelques siècles plus tard, Pindare et d'autres historiens devaient écrire des chroniques portant sur les Jeux olympiques antiques.

C'est donc dès l'Antiquité que le journalisme sportif voit le jour ! Né à Ninive et à Babylone avec les *Tables végétales*, il se poursuit avec le *Journal de l'Empire du Milieu*, les *Leucomates* des Grecs, les *Lettres manuscrites du Moyen Âge*, puis la naissance des journaux européens. L'invention de l'imprimerie par Gutenberg, à partir de 1436, vient amplifier ce mouvement naissant.

Ainsi au cours d'un forum technologique réuni à Boston, voici des lustres, Henri Morny, alors directeur des affaires internationales du groupe de presse français Hersant, devait-il constater : « *Des dessins rupestres des grottes de Lascaux au papyrus, de la plume d'oie à Gutenberg, de la machine à écrire au clavier d'ordinateur, de la composition mécanique à la photocomposition, de l'impression à plat à la rotative typographique puis à l'offset, l'évolution a été lente, longue, continue, et, à vrai dire, la communication écrite n'a connu qu'une seule véritable révolution, celle de Gutenberg, qui a permis par la reproduction des textes à l'infini la première dissémination relativement "massive" de l'information…*

*Les technologies qui sont apparues au fil des siècles ont permis de réaliser les promesses contenues dans l'invention de Gutenberg jusqu'à la naissance de la presse quotidienne moderne, dont on a pu dire qu'elle est le fruit de l'amour entre l'invention de la rotative, l'établissement des libertés démocratiques et l'élévation générale du niveau des connaissances, d'une part, et du niveau de vie, d'autre part. C'est-à-dire la rencontre d'une nouvelle technologie* (la machine), *d'une forme de civilisation* (fondée sur la liberté d'expression) *et d'un marché* (des consommateurs sachant lire et avides de connaissances et bientôt aussi de distractions). »

En 1829, le premier quotidien exclusivement consacré au sport naît aux États-Unis, mais *Spirit of the Times* parle-t-il seulement de l'explosion du sport que connaît alors la Grande-Bretagne ? Les régates d'aviron opposant les universités d'Oxford et de Cambridge servent pourtant de détonateur à un journalisme sportif en pleine expansion. Car la presse écrite, même si elle ne progresse pas beaucoup dans ses modes de fabrication, va à la rencontre du public. C'est, en, ces temps, l'unique moyen pour s'informer sur le monde extérieur et sur ce sport frémissant qui, au même titre que la découverte des contrées lointaines, fait vibrer des foules qui découvrent les vertus de l'effort physique. La presse écrite avait alors devant elle pratiquement un siècle de règne sans partage, même si sur le plan technologique beaucoup de choses restaient à découvrir. Ainsi, quand Pierre de Coubertin invente les Jeux olympiques de l'ère moderne, en 1894, on ne connaît ni le téléphone, ni la radio, ni l'aviation. Quant à l'automobile, elle est encore balbutiante. Les frères Lumière, eux, venaient tout juste de créer le cinéma, un art qui devait, plus tard, illustrer souvent le geste sportif.

## La presse sportive française crée sa propre matière afin d'exister

Avant tout issus de la pratique sportive, les premiers journalistes à écrire sur ce domaine apprirent sur le tas les rudiments de leur métier, inventant même des épreuves pour permettre à leurs journaux d'attirer le lecteur. Créateurs du sport et témoins de ses premiers pas, ils ne pouvaient qu'aider ensuite le pouvoir sportif national et international à voir le jour. De la presse sportive locale, y compris celle de club, à la presse régionale, de corporation, d'entreprise, voire même d'humour, la France a été la matrice de toutes les formes de presse, et donc de toutes les épreuves. Certains titres d'alors ont survécu au passage du temps (*Le Gymnaste*, *La Gazzetta dello Sport*, *Midi Olympique*). D'autres ont fait peau neuve (ainsi *L'Auto* devenu *L'Équipe*). D'autres, enfin, ont fait les frais des modes ou des évolutions.

Reste que l'aventure de cette presse sportive écrite, quotidienne ou périodique, et par là même du sport, doit beaucoup à une poignée de visionnaires, souvent désintéressés, et toujours soucieux du mieux être de leurs contemporains. Ils s'appelaient Eugène Chapus, Richard Lesclide, Eugène Paz, Maurice Martin, Pierre Giffard, Pierre Laffite, Baudry de Saunier, Louis Minart, Henri Desgrange,

Robert Guérin, Géo Lefèvre, Pierre Mortane, Pierre de Coubertin, Paul Rousseau, Frantz Reichel, S.A.Vergès, Louis de Fleurac, Lucien Faure, Pierre Allemane, Charles Gondouin, Velocio, Lucien Gamblin, Henry Delaunay, Géo Caizac ou bien encore Gabriel Hanot. Des pionniers, des précurseurs, des idéalistes. Beaucoup avaient été des pratiquants, modestes ou champions, parfois internationaux. Tous étaient de parfaits fous de sport. Des croisés.

C'est grâce à leur talent, leur volonté, leur sens de la démesure, leur capacité d'improvisation et leur sens du jeu, que virent le jour des épreuves comme Paris-Rouen en 1869 (*Le Vélocipède Illustré*), puis Bordeaux-Paris (*Le Véloce-Sport*) et Paris-Brest en 1891 (*Le Petit Journal*), Paris-Belfort en 1892 et Paris-Rouen auto en 1894, mais aussi Paris-Roubaix (*Le Vélo*) et Paris-Conflans en 1896, année de la rénovation des Jeux par le baron de Coubertin qui se disait très fier d'avoir sa carte, et de signer des articles dans le bulletin de l'Union des Sociétés Françaises des Sports Athlétiques (USFSA). Et que dire encore de la création d'épreuves comme « la Ceinture d'or », « la Raquette d'or », le « Tour de France automobile » en 1899 (*Le Matin*), puis cycliste en 1903 (*L'Auto*), sans oublier le « Giro » (le Tour d'Italie cycliste), lancé en 1909 par *La Gazzetta dello Sport*, ou la Coupe du monde de football, lancée par Robert Guérin en 1904, et menée à bien par MM. Rimet et Delaunay, à partir de 1928 ?

Pour ce qui est du pouvoir sportif, forcément mitoyen et concomitant, il apparaît dans la foulée, s'appelant ici Comité International Olympique (CIO) en 1894, Union Cycliste Internationale (UCI) en 1900 ou Fédération Internationale de Football Association (FIFA) en 1904. Parallèlement à toutes ces instances qui allaient devenir des institutions, naquirent à Paris des journaux, des titres, des revues, des magazines, mais aussi des épreuves. Paris la Ville Lumière ou la pépinière du monde sportif…

Époque de haute effervescence où les journaux géraient même des stades et des vélodromes. Ainsi le Parc des Princes et le Vel'd'Hiv étaient-ils, de fait, propriété de *L'Auto*, tandis que le vélodrome de Buffalo à Montrouge était l'apanage de *L'Écho des Sports*. Des journaux qui faisaient le calendrier sportif d'un pays. Par exemple, *L'Auto* organisait annuellement plusieurs centaines de compétitions pour champions ou débutants, tenant ainsi lieu de ministère des Sports avant l'heure et, partiellement, de ministère des Affaires étrangères. Époque bénie où, en France, il y avait davantage de titres et de publications que de fromages !

## Survol de la planète sport

Sans vouloir nier l'importance des titres américains, britanniques ou allemands, concentrons donc notre survol de la presse sportive de ses origines à 1924 – année où les Jeux sont organisés pour la deuxième fois à Paris et année de création de l'AIPS – sur les publications parues en France. Survol donc, car la place nous est comptée et le sujet proprement immense. La preuve, hormis quelques confrères – bonjour Édouard Seidler, merci Jacques Marchand – aucun chercheur n'a jamais vraiment tenté de faire l'inventaire des milliers de publications, journaux ou revues qui, de la seconde moitié du XIX^e^ siècle au début du XX^e^, jalonnent l'avancée du phénomène sportif ! Que ces titres aient vécu le temps d'un seul numéro ou de quelques milliers, peu importe : l'étincelle magique était là. Qui se souvient aujourd'hui de ces humbles porteurs de feu venus du fin fond du Dauphiné ou des confins de l'Ariège, sans qui le sport n'aurait pas aujourd'hui ses centaines de milliers de champions, de pratiquants et de journalistes dans le monde ?

André Malraux imaginait que notre XXI^e^ siècle serait celui de la spiritualité. Il est bien parti pour être celui du sport ! Là où le communisme a échoué, l'olympisme de Coubertin et le phénomène sportif imaginé par Chapus, Giffard ou Desgrange ont réussi. Ces gosses tapant dans un ballon et se faisant traiter de fous, ces gamins organisant des épreuves, puis les relatant comme Géo Lefèvre ou Robert Desmarets, ces apôtres du sifflet arbitrant puis racontant, comme Robert Guérin, ces chevaliers de la plaque sensible ou du crayon – irremplaçables Beau, Simons, Caudrilliers, Mich, Pico et autres Stick – portaient donc l'avenir au bout de leurs crampons et de leur passion. Sans doute ne cherchaient-ils pas à forger coûte que coûte le bonheur de l'Humanité, mais plus simplement à apporter un peu de joie dans leur club, leur ville ou leur pays. Ils ont pourtant fini par avoir raison.

Certes, ils n'étaient pas toujours innocents ou désintéressés, mais leur prosélytisme était de bon aloi, guidé par le respect des règles et de l'adversaire. Car les premiers dieux des stades et des vélodromes écrivaient aussi. Ils se confiaient dans *La Vie au Grand Air* ou *L'Auto*. Ils s'appelaient Jean Bouin, Petit-Breton ou Suzanne Lenglen. Le champion prenait véritablement, à l'époque, la peine d'écrire lui-même ses papiers… Des pionniers passionnés devenus journalistes, d'anciens champions reconvertis dans la profession (Henri Desgrange, Lucien Gamblin) et des champions en activité capables de raconter de l'intérieur leurs exploits et de conseiller les débutants : quelle richesse ! À peine son essor ébauché, la planète sportive aurait pu s'appeler Byzance, toutes les fées s'étant penchées sur son berceau.

## Du muscle, des « papiers » sportifs et des pionniers

Parler aujourd'hui d'une civilisation du sport serait à peine exagéré. Le sport professionnel est roi, mais les sportifs amateurs sont des centaines de millions et les téléspectateurs des milliards devant leur écran au moment des Jeux olympiques, de la Coupe du monde de football, de rugby ou de ski ou à l'occasion du Tour de France cycliste. Autant d'événements universels presque tous créés par des journalistes sportifs. Car pour être reconnu, le journaliste sportif a dû « inventer » sa matière première ! Être amoureux du sport n'était pas suffisant pour pouvoir en vivre. D'où la nécessité de vendre des journaux et, accessoirement, de la publicité pour des constructeurs, des équipementiers ou des hôteliers. La presse sportive vivote alors. Elle ne dispose que d'un noyau dur de fidèles, d'origine aisée, quand la métamorphose survient. C'est le moment où *Le Sport* – hebdomadaire créé le 17 septembre 1854 par Eugène Chapus et Saint-Albin pour « les gens du monde » s'intéressant aux courses hippiques et à la chasse – se voit concurrencé par *Le Vélocipède Illustré*, lancé le 1er avril 1869 par le Bordelais Richard Lesclide pour les premiers pédaleurs.

La noblesse, la bourgeoisie, les rentiers, les oisifs feuillettent le premier. Les champions et les apprentis coureurs dévorent les résultats publiés dans le second, mais aussi ses conseils de course ou son mode d'emploi pratique du vélocipède. Le premier survole et rend compte de l'univers hippique existant. Le second crée un nouveau monde, un monde fragile centré sur un outil et sur l'homme qui le fait avancer. Curieusement, ces deux mondes sont tellement proches alors que les premiers pédaleurs portent souvent des tenues de jockey et baptisent leurs machines avec des noms de chevaux ! Mais pour aller de l'avant, vendre des vélocipèdes, trouver de nouveaux lecteurs, il faut créer un besoin. Flatter l'instinct de compétition qui sommeille en chaque homme sera le plus sûr moyen d'y parvenir.

Ainsi *Le Vélocipède Illustré* va-t-il organiser le premier Paris-Rouen, pour accroître son lectorat et plaire à son annonceur, le constructeur « La Compagnie parisienne » qui a pris le relais des Michaux, inventeurs-constructeurs des premiers vélocipèdes à pédales. Du jamais vu, de la folie… Quelques mois auparavant, un constructeur-écrivain-publiciste voironnais J. Favre avait senti venir le mouvement. Il avait alors créé, dans le Dauphiné, *Le Vélocipède, gazette des Sportsmen et des Vélocemen*, avant de céder rapidement la place à Richard Lesclide, l'entreprenant futur secrétaire de Victor Hugo. Les lecteurs du *Sport* étaient des spectateurs plus ou moins blasés. Ceux du *Vélocipède Illustré* sont des pratiquants. Ils n'ont pas froid aux yeux, car un vélocipède est presque aussi rétif alors qu'un cheval sauvage. Le 7 novembre 1869 est le jour J. Le départ est donné depuis l'Arc de triomphe. Sur tous les murs de Paris sont placardées des affiches violettes annonçant « la » course et les premiers conquérants, munis de cartes géographiques, balisent minutieusement le parcours devant les conduire jusqu'à la patrie de Corneille.

Un vélocipède pèse une trentaine de kilos. Une fois lancé, freiner relève de l'approximation la plus totale. L'aventure est assurée. Certains participants vont se perdre sur la route, d'autres souffrir de la fringale, mais ils seront tout de même une trentaine – dont une femme engagée sous le pseudonyme de « Miss America » – à rallier Rouen dans le délai imparti de vingt-quatre heures. C'est une réussite, car le vainqueur, le jeune anglais James Moore, a effectué le trajet à la moyenne de douze kilomètres/heure, soit aussi vite qu'un cheval, ce qui est somme toute logique pour un futur vétérinaire. Le premier est anglais, mais le deuxième et le troisième sont originaires de Bordeaux ou de Voiron : des jeunes gens comme tout un chacun finalement. Immédiatement, les ventes du *Vélocipède* grimpent. Quant au *Sport*, il se fend d'un beau reportage pour ces lecteurs spectateurs. C'est le premier grand tournant de l'histoire du sport. Et la presse sportive est à son origine.

## Poussés par un esprit de revanche guerrier

Les fabricants de vélocipèdes se battent pour voir leur réclame passer dans *Le Vélocipède*. Leurs ventes augmentent, la production s'accroît très sensiblement. Et puis, il faut bien souligner que Chapus, Lesclide, Moore, Castéra ou Bobillier, ne sont pas originaires de la capitale. Ils viennent des Antilles, de provinces ou même d'Angleterre. Il y a de l'universalité dans l'air. Un inquiétant bruit de bottes aussi, malheureusement. Ainsi, la coureuse figurant sur le bandeau du *Vélocipède* aura vite les ailes coupées par la guerre contre l'Allemagne et la Commune. Les années 1870-71 brisent cet élan en France quand les Anglais, épargnés, parviennent à développer leur industrie et leur presse. Une situation qui renforce en France un sentiment anti-anglais et anti-allemand déjà très présent. Pour lutter contre l'anglomanie alors triomphante, on ira jusqu'à créer en 1893 une revue au titre évocateur : *Les Sports Français*. Face à la Germanie victorieuse, c'est de revanche qu'il sera question après l'humiliation de la défaite militaire de 1870-71 et la perte de l'Alsace et de la Lorraine.

Cette volonté de revanche sera à l'origine de l'essor de la gymnastique militarisée. « *Faites-nous des soldats*, réclame alors le général Chanzy, *nous en ferons des hommes.* » Les camarades de Pierre Giffard, le plus jeune officier de cette guerre à l'issue désastreuse, n'ont pas été à la hauteur physiquement. Il faut les muscler, les développer, leur rendre le goût de la lutte et de l'initiative. Ce mouvement que *Le Moniteur de la gymnastique* créé par Eugène Paz le 15 décembre 1868, n'avait guère eu le loisir de conduire en raison du déclenchement de la guerre, *Le Gymnaste*, en 1873, et *Le Drapeau*, en 1882, vont s'y atteler, allant même jusqu'à la création des « *bataillons scolaires* ». À côté de ce sillon tracé droit et profond, une autre presse, moins belliqueuse, se développe avec les publications du Club Alpin Français comme *Le Yacht* qui, en 1874, se consacre à la navigation de plaisance, comme *Le boa* qui célèbre, en 1878, les charmes du canotage, en attendant l'aviron en 1886.

La compétition demeure très présente mais, comme le souligne l'apparition à Saint-Étienne du *Cycliste*, il y a également place pour une pratique plus mesurée. Elle s'appelle cyclotourisme et c'est déjà une sorte d'hygiène de vie pratique. À l'étranger, on n'est pas en reste. L'Autriche a son grand hebdomadaire omnisports à partir de 1879 quand est lancé, à Vienne, le *Allgemeine Sport Zeitung*. De son côté, la Suède suit le mouvement dès 1881 quand Alexandre Lindman lance à Stockholm le bimensuel : *Fidning för Idrott*. En Grande-Bretagne et aux États-Unis naissent aussi bien des revues consacrées au patin à roulettes, comme *The skate* en 1871 ou *The rink* en 1876, que des titres omnisports comme le *Sporting Mirror* en 1881, et le *New York Sports* en 1882. C'est le temps des « pedestrians » que l'on entrevoit dans les pages de *La Revue des Sports* dès 1876, en attendant de les voir au Bois de Boulogne sous les couleurs du Racing Club de France et d'un Stade Français balbutiant.

La France ne se remet pas de l'amputation de l'Alsace-Lorraine. Du coup, ses élites privilégient notamment la pratique de disciplines comme le tir (création de la revue *Le Stand* en 1882) et l'escrime. Une démarche relayée par une vélocipédie conquérante, comme en témoignent les créations, à partir de 1882, de *La Revue du Sport Vélocipédique* à Rouen, *La Rivista Velocipedistica* en 1883 à Turin, *Le Véloce-Sport* en 1885 à Bordeaux ou bien encore *Le Sportsman* à Montpellier. Ce dernier titre va, en fait, marquer le coup d'envoi d'une grande révolution : l'avènement de la bicyclette, beaucoup plus pratique que le vélocipède. Appelée à devenir, sous la plume de Pierre Giffard, « la petite reine », elle étonne alors sous le coup de pédale du champion-journaliste d'origine anglaise Herbert O. Duncan. Créateur du *Sportsman*, journal fleurant bon son pays, Duncan sillonne alors la France au guidon de cette nouveauté. Du coup, certains n'hésitent pas à proclamer la bicyclette *« cheval du pauvre »* ! L'invention de la bicyclette relayée par son porte-parole anglais *Le Sportsman*, et c'est déjà la révolution…

## Le coup de clairon de Bordeaux-Paris

Pour s'imposer, la recette est connue. Il suffit d'élargir le cercle de ses premiers lecteurs sportifs, donc de parvenir à les captiver sur un jour ou plus si possible, encore qu'à l'époque, la formule du feuilleton littéraire n'ait pas d'adeptes chez les journalistes-organisateurs. Cela viendra avec en 1899 avec *Le Matin* et le Tour de France automobile, puis avec *L'Auto* et le Tour de France cycliste. Cyclotouriste convaincu, Maurice Martin, robuste poète bordelais songe alors à créer un Bordeaux-Paris de derrière les fagots... Une épopée de 568 km entre les deux capitales, Bordeaux, celle du sport provincial, et Paris, la Ville Lumière. Son hebdomadaire, *Le Véloce-Sport*, a besoin de ce type d'initiative pour trouver son deuxième souffle financier. L'événement complètement insensé va captiver les lecteurs, car le titre bordelais dispose également d'un bureau à Paris et il est diffusé, surtout sur abonnement, dans tout l'Hexagone. Le jour J est fixé au 25 mai 1891. Il sera vraiment historique : à partir de ce jour-là, le grand public découvre l'aventure et le sport en même temps par le truchement de champions anglais, rompus depuis longtemps à ce genre de prouesses. Pour ces téméraires, des entraîneurs sont prévus, mais aussi des points de ravitaillement et même des lits. Comme lors du Paris-Rouen de 1869, on franchit là un nouveau pas dans l'inconnu, donc dans la connaissance. Mieux entraînés et déjà maîtres dans l'art de piloter la toute nouvelle bicyclette, les Anglais donnent une leçon aux professionnels français. Derrière George Pilkington Mills, indiscutable vainqueur, à la moyenne de 21,518 km/h, ils monopolisent le podium ! Un carton plein, d'autant plus douloureux pour l'amour propre français, que le premier bleu termine cinquième à huit heures du vainqueur.

En revanche, côté *Le Véloce-Sport*, on a le sourire. Le chiffre des ventes s'envole, passant de 40 000 à 75 000 exemplaires. Parmi les spectateurs venus admirer ces tailleurs de route figure un jeune gaillard de 26 ans, un certain Henri Desgrange. Alors mollement attiré par le monde du droit et de la justice, il tombe pour toujours sous le charme. Et, avec lui, toute une génération est dans le même cas. Ainsi, Pierre Giffard, un quadragénaire normand aussi perspicace que nationaliste et chargé des informations au quotidien vedette du moment, *Le Petit Journal*, dont les tirages frisent le million d'exemplaires, se rend-il compte des perspectives ouvertes par cette première. La bicyclette est aussi révolutionnaire que le téléphone, le télégraphe, le phonographe et, bientôt, l'automobile et le cinéma. Il faut que les Français créent des machines de qualité, et que les coureurs français gagnent, gagnent chez eux, pour montrer aux Anglais et aux Allemands que la France est toujours debout et vaillante. Pour son pays, pour la vélocipédie, pour son journal, Pierre Giffard invente alors le Paris-Brest-Paris.

Il aura lieu à l'automne, ne sera ouvert qu'aux coureurs professionnels français, et fera la part belle aux constructeurs de l'Hexagone. C'est du délire, quasiment une mobilisation nationale. Il y a plus de cinq cents engagés, il y aura finalement deux cents partants. Ils auront cent heures pour effectuer le parcours et être classés. C'est un délai très court pour l'épopée, même si les participants ont le droit d'être entraînés. Rue La Fayette, siège du *Petit Journal*, l'effervescence ressemble à celle de la Cour des miracles. On se presse, on se bouscule, on veut suivre la progression des coureurs sur le diorama. Le permissionnaire Desgrange n'en loupe pas une miette. Complètement absorbé par les préparatifs, l'organisation et le déroulement de l'épreuve, Giffard l'ignore. Qu'importe ! Les éditions du *Petit Journal* s'envolent d'autant plus vite, que le duel entre les pédaleurs Jiel-Laval, le Bordelais, et Charles Terront, le Parisien, est acharné. On crève, on chute, on se perd, on roule la nuit, on est même donné pour mort ! Jiel-Laval vire en tête à Brest mais, au retour, se fait déborder par Terront le roublard qui, sous la plume enflammée de Giffard, devient « Napoterront », le premier champion médiatique de la presse. Les retombées sont énormes, d'autant que la machine du vainqueur était équipée de pneumatiques démontables Michelin. Le manufacturier se venge ainsi de sa défaite dans Bordeaux-Paris où le Britannique Dunlop l'avait devancé...

Un peu partout en France, des clubs se créent. Les vocations fleurissent, des journaux spécialisés surgissent, à commencer par le plus important d'entre eux, *Le Vélo*. Et c'est Giffard qui le crée. Un journal imprimé sur un papier de couleur verte, comme l'espérance. Avec *Le Vélo* débute la belle époque de la vélocipédie, celle de la multiplication des vélodromes – bientôt une centaine – des champions, des constructeurs, des journaux et des organisations destinées à amplifier l'écho de ces journaux. Les organes nationaux créent des courses sillonnant le pays, les régionaux des épreuves traversant leur zone de distribution. Grâce à l'impôt taxant alors les bicyclettes, on connaît le chiffre officiel des pédaleurs et donc, d'une certaine façon, celui des lecteurs. En 1900, il passe de quelques milliers à un million. Un engouement que *La bicyclette* en 1892, *Le journal des Vélocipédistes* et *Paris-Vélo* (imprimé sur papier rose) en 1893 ou *Le Vélodrôle* en 1894, tentent de combler, comme des dizaines de titres qui surgissent à Rennes, Lille, Marseille, Toulouse ou Nantes. Toute ville qui ne dispose pas alors d'un titre ou même d'une simple feuille, ne dispose pas d'un vélodrome ou de coureurs. Impensable.

## Révolutionnaire « Vie au Grand Air »

Sur les vélodromes, les rois de la vitesse ou du demi-fond font vibrer des spectateurs ébahis. Les matches et les revanches se succèdent, excitant la verve du jeune Desgrange. Le vélo est devenu sa passion à tel point que, malgré des moyens physiques limités et au prix d'une ascèse quasi monacale, il parvient à battre des records à partir de 1893, notamment celui de l'heure. Tout à la fois journaliste, écrivain et champion, Desgrange polémique volontiers avec Giffard qui, lui aussi, s'est mis à pédaler. Desgrange polémique aussi avec l'écrivain-journaliste Édouard de Perrodil qui rêve de gagner un Bordeaux-Paris devenu annuel alors que Paris-Brest-Paris, course trop sacrée et trop symbolique, pour être galvaudée, se veut décennale. Giffard croit à la grande route, Desgrange au vélodrome. Du coup, ces passionnés commencent à rompre des lances. Toujours pour le compte du *Petit Journal*, Giffard lance, en 1892, un Paris-Belfort à la marche. La ligne bleue horizon des Vosges n'est qu'à deux pas... Il crée également un Paris-Rouen automobile en 1894 et, en 1896, pour *Le Vélo* il met sur pieds un Paris-Roubaix où le succès de l'Allemand Joseph Fischer fait grincer quelques dents. Incidemment, 1896 est l'année de naissance de *La Gazetta dello Sport*, le quotidien milanais de couleur rose par opposition au vert du *Vélo*.

Selon le succès des organisations, les ventes du vert oscillent entre 20 000 et 40 000 exemplaires. On téléphone ou on télégraphie les articles, parfois on se sert d'un pigeon voyageur pour porter la copie. L'entreprenant Desgrange a créé son vélodrome au Parc des Princes à Boulogne en 1897, au grand dam de Frantz Reichel, un autre champion à la fois marcheur, coureur à pied et rugbyman international. Ces années-là sont des années charnières, car la répétition un rien lassante de sempiternels matches revanches dans les vélodromes – même si Tristan Bernard a bien essayé d'y mettre un terme en introduisant la cloche annonçant le dernier tour – ramènent vers la nature, les bords de rivière et de mer, les amateurs d'aviron, de natation et de voile.

Certes, la bourgeoisie est la première concernée, celle qui fréquente les salles d'armes, le monde hippique, les cours de lawn-tennis de l'île de Puteaux, d'Etretat ou de Cannes. Certes, la « vélocipédie » reste encore le sport numéro 1. Mais des revues comme *Le Sport universel illustré*, à partir de 1895, et surtout *La Vie au Grand Air*, à partir de 1898, vont vite se frayer une voie royale. Elles sont peut-être élitistes, on l'a parfois écrit. Mais l'élite sportive tend à s'élargir, alors que les courses cyclistes de ville à ville – bientôt dénommées « classiques » – remplissent toujours plus les vélodromes où se jugent les arrivées. « *La presse sportive a toujours été une presse d'imagination, peut-être parce qu'elle est la seule à pouvoir créer l'événement,* devait écrire plus tard le journaliste Jacques Marchand, *alors que la presse d'information est obligée de l'attendre, parce qu'elle ne dépend pas d'elle*[1]. » De son côté, l'analyste Fabien Wille assure : « *L'exemple de l'amateurisme amateur et bourgeois ne s'opposait-il pas au cyclisme professionnel et populaire ? Dans le même temps, au début du siècle, différents journaux à vocation "vélocipédique" ont intégré, suscité le triangle de l'économie du sport par l'association d'un media, d'un événement sportif et du secteur économique. Non seulement la presse écrite créait les événements au lieu de les attendre, mais de plus elle faisait vivre le sport parce qu'elle en vivait elle-même*[2]. »

Toujours est-il qu'à l'époque la nouvelle révolution, c'est l'avènement de la photo ! Là, les spectateurs peuvent enfin revoir leurs champions en action. En matière de presse, cela change tout[3]. Des pages et des pages de copie pas toujours digestes, même imprimées sur papier vert ou rose ou jaune, prennent soudain vie et couleur. Certes, il existait bien le dessin ou l'illustration, mais cela n'était rien en comparaison de l'impact direct de la photo.

1. Marchand Jacques, *Le Cyclisme*, La Table Ronde, Paris, 1963.

2. Wille Fabien, *Journalisme sportif : le défi éthique*, Cahiers du journalisme, n° 11, ESJ, Université Laval, Lille et Québec, 2002.

3. On notera que l'AIPS a toujours fait montre d'une perception très fine de l'importance de la photo dans la presse, mettant notamment un point d'honneur à participer à différents concours photographiques, soit en tant qu'organisateur, soit en qualité de partenaire.

Or, *La Vie au Grand Air*, l'hebdomadaire de Pierre Laffite, regorge de photos. Des photos de Beau ou Simons qui transportent le lecteur dans le grand monde, sur la côte d'Azur, puis le font monter à bord des automobiles du Paris-Berlin 1901 ou du Paris-Vienne de l'année suivante. Bonne idée, car les deux grandes courses sont remportées par des Français.

Mais il y a, toutefois, un problème. Pour aussi travaillé qu'il soit, ce journal reste un hebdomadaire. Or, l'actualité sportive à chaud, ce sont les éditions spéciales paraissant quelques minutes seulement après l'arrivée. Desgrange, qui maîtrise à la fois le monde du sport et celui de l'organisation, l'a compris. Ulcérés par les prises de position de Giffard dans les colonnes de *Vélo* en faveur de la révision du procès du capitaine Dreyfus, puis sa réhabilitation, les gros annonceurs industriels tels Michelin ou De Dion-Bouton, confient à Desgrange la direction de *L'Auto-Vélo*, un titre concurrent. Et l'ancien recordman cycliste de l'heure va alors mettre en pratique son expérience, prenant en compte une évolution que le vieillissant Giffard n'a pas perçue.

Le match entre le jaune de Desgrange et le vert de Giffard tiendra la France et le monde de la presse en haleine pendant trois ans. Le temps pour Desgrange de perdre un procès qui l'obligera à ôter le mot *Vélo* de sa manchette, mais aussi de gagner en hargne et en motivation. Car, Desgrange attaque tous azimuts alors que Giffard se repose sur ses lauriers, notamment l'organisation de courses aussi importantes que la course pédestre dite de marathon, le Bol d'Or, le Critérium de la natation ou celui des marcheurs et des motocycles. Desgrange reprend les courses lancées ou récupérées par Giffard, comme Paris-Brest-Paris ou Paris-Roubaix. S'il lui laisse Bordeaux-Paris, c'est pour en créer une autre directement concurrente en 1902 et ridiculiser son rival car sa course est mieux organisée et son champion, Garin, va beaucoup plus vite que Wattelier, celui de Giffard. Le vert baisse et le jaune grimpe d'autant plus qu'il devient rapidement le complément de *La Vie au Grand Air* qui lui aussi traite de l'intégralité de l'actualité sportive.

## *L'Auto* prend le meilleur sur *Le Vélo*

Sur le marché, il n'y a déjà plus place que pour un seul quotidien. Ce sera celui de Desgrange qui a su rassembler autour de lui de jeunes, passionnés et brillants écrivains (comme Barrès ou Franc-Nohain). C'est ainsi que Géo Lefèvre, un ancien de *Vélo*, souffle à Desgrange l'idée de la création d'un Tour de France cycliste. En d'autres termes : un feuilleton long de trois semaines dont il avait précisément besoin pour étrangler son concurrent. Du 1er au 19 juillet 1903, soixante inconscients arpentent les 2 428 km de la première édition du Tour de France. Ils seront vingt et un à terminer, Garin s'imposant à la moyenne de 25 km/h. C'est sensationnel. « *Le cyclisme a le mérite d'aller chercher le public là où il se trouve, c'est-à-dire chez lui, d'arracher le pêcheur à sa ligne, l'amoureux à son étreinte, l'indifférent à son miroir intérieur,* résumera plus tard le journaliste-écrivain Antoine Blondin. *Quoi qu'il en soit des vertus athlétiques de cette compétition processionnaire, elle frappe l'attention des profanes, en déposant, au gré de ses étapes, un champion sous leurs paillassons*[1]. »

Les sportifs ont donc choisi leur camp. Ce sera celui de *L'Auto* dont les éditions spéciales imprimées à 100 000 exemplaires et plus se multiplient. L'agonie du vert a commencé. Le coup porté par Desgrange sera mortel. Sa presse crée l'événement, le raconte mieux et plus vite, tout en permettant bientôt aux confrères de travailler aussi sur cette matière première. Oui, aux confrères, de plus en plus nombreux d'ailleurs. Car, prenant en compte le

1. Blondin Antoine, in *L'Équipe*, 26 avril 1956.

développement du monde sportif, les quotidiens généralistes ou politiques ont quasiment tous créé des rubriques sportives dans leurs colonnes. Ainsi, Robert Guérin signe-t-il dans *Le Matin* qui organisera, en 1907, le raid automobile Pékin-Paris. Tout n'est pourtant pas... rose pour Desgrange. Dans la foulée, il doit également couler deux autres quotidiens, *Les Sports* et *Le Monde Sportif*, organisateur en 1903 de La Marche des Midinettes, mais aussi composer avec un nouveau titre rose, particulièrement caustique, car tenu par d'anciens collaborateurs de son journal : *L'Écho des Sports*.

À l'étranger aussi, le cyclisme est également le sport roi. Populaire et simple, il est de loin le plus prisé par la foule et les journaux ne s'y trompent pas. En Espagne, la Vuelta est organisée par un groupe de journaux où figurent *El Pueblo Vasco* mais aussi *El Correo Español*. Et il ne faut pas oublier *Marca* ou *El Mundo Deportivo*. En Belgique, *Sportwereld* organise le Tour de Belgique, *Les Sports* La Flèche Wallonne et Liège-Bastogne-Liège. *Le Soir de Bruxelles* a sous sa coupe Paris-Bruxelles. La Suisse est tirée par *La semaine sportive* (Genève) ou les *Sports* (Zurich). Il ne faut pas cependant croire que les médias n'ont les yeux de Chimène que pour la « Petite Reine ». Loin de là. La Coupe Gordon Bennett automobile est créée, en 1899, par le *New York Herald*. Les pays de l'Est ne restent pas à l'écart du mouvement. *Sovietski Sport* (URSS), *Sportske Novosti* (Yougoslavie), *Nepsport* (Hongrie), *Ceskoslovensky Sport* (Tchécoslovaquie), *Sportbericht* (Allemagne de l'Est), *Sportul Popular* (Roumanie), *Przeglad Sportovy* (Pologne), *Naroden Sport* (Bulgarie) organisent des épreuves dans leur pays. La presse crée également partout dans le monde des courses pédestres. Au début du XXe siècle, ce sont des tours de villes, des marathons, des corridas et autres courses populaires synonymes de rentrées publicitaires et de lecteurs supplémentaires. Avec l'organisation du sport par le canal des fédérations nationales et internationales, les journaux se tournent vers des épreuves plus codifiées, comme le cross-country qui sera en vogue pendant un temps.

Parallèlement, l'évolution technologique suit son cours. Ainsi, en 1904, des textes sont-ils transmis pour la première fois par voie télégraphique depuis Saint-Louis, aux États-Unis, soit d'un continent à l'autre. La presse écrite est rayonnante. D'autant que quelques « affaires » viennent lui apporter un supplément de grain à moudre. En 1904, l'Américain Fred Lordz se laisse véhiculer pendant quinze kilomètres, avant de remporter le marathon olympique. Succès de courte durée, puisqu'il est vite disqualifié pour tricherie caractérisée. Dans un ordre d'idée différent, le calvaire enduré par l'Italien Dorando Pietri, en 1908, à Londres, devait donner définitivement au marathon une dimension mythique de course qui tue. À tel point qu'un journaliste américain écrit à l'époque : « *On peut se demander si l'opinion publique anglaise acceptera qu'on organise encore un marathon à Londres. L'état de Dorando en fin de parcours et celui de nombreux concurrents conduisent, en effet, à penser que cette épreuve est plus cruelle que la boxe professionnelle et que les courses de taureaux.* » S'ajoute à cela, en 1912, la disqualification de Jim Thorpe, champion olympique du décathlon et du pentathlon. Première disqualification olympique pour... professionnalisme.

À l'époque, écrire dans un journal relevait du tour de force. La tâche atteignait même parfois une dimension littéraire. Ce qui est moins vrai aujourd'hui. La télévision n'existant pas, l'écrit constituait les yeux de l'époque. Même s'ils prenaient parfois quelque liberté avec la vérité historique, les journalistes-écrivains contribuaient à créer autour des champions une aura quasiment surnaturelle. Leur épopée faisait rêver. Ainsi, des écrivains tels que Montherlant, Giraudoux, Genevoix et quelques autres ont-ils alors contribué à faire du sport un pôle d'intérêt. Mais, parallèlement à cette presse lyrique, une presse de bien-être, d'éducation physique

– flattant tout de même encore un peu au passage l'esprit de revanche – continuait à se développer. De même, l'apparition de titres spécialisés comme *Football*, en 1908, où *La boxe et les boxeurs*, en 1909, annonçait l'émancipation des disciplines, alors toutes regroupées sous la seule bannière autoritaire de l'Union des Sociétés des Sports Athlétiques (USFSA). Une Union créée en 1889 et qui commençait toutefois à apparaître de plus en plus débordée et vieillotte.

De même, la complémentarité entre *L'Auto* et *La Vie au Grand Air* n'empêchait pas l'apparition de quelques beaux titres hebdomadaires, toujours très illustrés, toujours « événementiels », mais à la tonalité souvent plus critique. Ainsi, *Le Plein Air*, né en 1909 (année où *La Gazetta dello Sport* lance le Tour d'Italie) ou *Sporting*, créé en 1910 et dont la qualité rédactionnelle était inversement proportionnelle à la médiocrité de son papier. Un handicap qui n'empêchera pas cet hebdomadaire de durer jusqu'en 1949. Mais à cette date, Desgrange était depuis longtemps décédé, parti le 16 août 1940 en pleine guerre, même si, âgé de 50 ans, il ne devait pas participer au conflit. Un décès qui n'affaiblira pourtant pas outre mesure *L'Auto*, mais qui conduira, en revanche, à une parution plus espacée de *La Vie au Grand Air*.

Mobilisant tous les hommes en âge de se battre, la Première Guerre mondiale aura, notamment, pour conséquence de permettre aux femmes d'accéder à des responsabilités dans les usines, les fermes, mais aussi les stades. Conséquence directe, une publication lancée en 1915, *Les Sports féminins*, incitera ces pionnières à se serrer les coudes. Une démarche amplifiée en 1922, après-guerre donc, avec la naissance de la revue *Les Sportives*. Parallèlement, les péripéties et les drames de la guerre seront racontés et montrés en détail dans les colonnes du *Miroir*. Un hebdomadaire très bien conçu qui, en juillet 1920, devait passer le relais au *Miroir des Sports*. Avec une joueuse de tennis comme Suzanne Lenglen bondissant à la une, le sport ne pouvait repartir d'un meilleur pied. En revanche, pour *La Vie au Grand Air*, implanté sur le même créneau illustré, ce nouveau titre représente une menace autrement plus redoutable que *L'Athlète*, hebdomadaire réservé aux « mordus » et imprimé à Bordeaux depuis 1917. Enfant des tranchées, *Le Miroir des Sports* a une efficacité que la vieille *Vie au Grand Air* ne parvient pas à contrer.

Le journal essaie bien d'évoluer en se transformant en mai 1922. Devenu *Très Sport*, un mensuel rigoureux déclinant d'astucieux dossiers, mais, trop sec, ce nouveau titre ne tiendra que 51 numéros. Du coup, une voie royale s'ouvre devant *Le Miroir des Sports* qui va devenir l'hebdomadaire de référence avec la collaboration de grandes signatures comme Gabriel Hanot, Jean Routier, André Reuze, sans oublier les charges de Red ou les photos de Caudrilliers. Non sans difficultés, *L'Auto* est parvenu à relancer le Tour de France en 1919. Et, de son côté, *Le Petit journal* a renoué avec sa tradition, sur l'initiative d'Alphonse Steines et Pierre Souvestre, en organisant Le Circuit des Champs de Bataille, course d'hommage et de renaissance. Une renaissance que Desgrange va matérialiser pour l'éternité en faisant porter un maillot jaune soleil au premier leader de sa Grande boucle, l'emblématique Eugène Christophe. Le sport repart de plus belle avec Suzanne Lenglen, Eugène Christophe et les Jeux olympiques organisés à Anvers en 1920. Ils suivent alors d'un an les imprévus Jeux Interalliés qui, en 1919, ont fait beaucoup pour ce nouvel essor donné au sport. À partir de 1921, *La France olympique* scande le compte à rebours vers les Jeux olympiques dont l'organisation est prévue à Paris en 1924. Ce seront les Jeux de la VIIIe Olympiade, une grande aventure ne fait alors que commencer.

Durant des dizaines d'années, l'écrit et la photo ont été seuls sur le marché. Mais le début du XXe siècle voit se créer un nouveau moyen d'information : la radio. À partir du 6 octobre 1922, un poste privé, Radiola, le premier en France, commence un service régulier d'informations et de musique. La même année, une société, qui deviendra plus tard la *BBC*, démarre ses émissions à partir d'émetteurs montés à Londres, Birmingham et Manchester. Mais premier entre tous, un poste de radiodiffusion était entré en service à Pittsburgh (Pennsylvanie) en 1920. L'avènement de la radio offre à l'olympisme une occasion de faire entendre sa voix. Les premiers reportages sportifs aux Jeux de Chamonix et de Paris, en 1924, donnent une dimension toute neuve à l'événement. Ce nouveau média par son instantanéité procure aux auditeurs l'impression d'être sur le lieu des compétitions. Ainsi naît le suspense, le rêve : *« la voix aide à voir »*, dit-on alors. C'est en 1936, au cours des Jeux organisés à Berlin, que la magie des ondes apparaît dans toute sa vigueur : 2 500 heures d'émissions seront produites en vingt-huit langues.

C'est également l'époque où le cinéma, jusque-là muet, prend son essor et trouve sa vitesse de croisière. Certains considèrent même que le cinéma fait partie intégrante des médias. Mais le septième art ne peut être considéré que comme un moyen de promotion. Le développement visuel de la couverture des Jeux a d'ailleurs été transformé à tout jamais par *Olympia*, le film de Leni Riefenstahl sur les Jeux de Berlin en 1936. Pour la première fois, on pouvait voir, et non entendre ou lire, le talent, la beauté et le classicisme des athlètes dans différentes disciplines. Les magnifiques séquences associaient l'actualité au spectacle en donnant à voir au public des Jeux olympiques ayant une nouvelle dimension. Depuis, nous avons connu *Tokyo Olympiad, Vision of Eight* ou *Sixteen Days of Glory*. Autant d'hymnes au sport. De retour à Berlin en 1972, l'Américain Jesse Owens, quadruple médaille d'or aux Jeux, avait une formule qui, à elle seule, résumait parfaitement l'évolution exponentielle du cinéma en matière de couverture olympique. *« En 1936, à Berlin, 80 000 spectateurs m'ont vu courir sur le stade. Aujourd'hui, trente-six ans plus tard, après la vision d'un documentaire de Bud Greenspan sur mes exploits, 400 millions de personnes dans le monde entier peuvent me voir courir. »*

*Fervent de tous les sports, Frantz Reichel a mis l'AIPS sur les rails.*
*Il mourra d'un malaise cardiaque dans son bureau au* Figaro. *(© collection Serge Laget).*

*Chapitre II*

# Du sport à l'organisation de la presse sportive

*« À la fin du XIXe siècle, lorsque le concept d'un sport porteur de valeurs morales et éducatives prend son essor, la communication en usage se limite à l'écrit et à l'oral.*

*Pierre de Coubertin est à la fois, orateur, conférencier, écrivain et journaliste, donc autant capable d'être lu que d'être entendu. Surtout, il fait école auprès de disciples, qui vont devenir les grands maîtres et les fondateurs des structures professionnelles et du journalisme de sport et du journalisme en général. »*

Jacques Marchand

## Premiers pas

D'abord, en éprouver l'envie, l'urgence, le besoin aussi. Puis, trouver un nom. Et, enfin, rédiger l'acte de naissance en bonne et due forme. En somme, une venue au monde comme des millions d'autres. Ou presque. Car, si l'Association internationale de la presse sportive (AIPS) voit effectivement le jour à l'occasion de son Congrès fondateur organisé du 1er au 3 juillet 1924 à Paris, c'est au terme d'une bien longue gestation.

Quatre ans. Quatre longues années se sont, en effet, écoulées depuis que l'idée a germée dans l'esprit du journaliste français Frantz Reichel[1]. Un soir, en marge des épreuves des Jeux olympiques organisés en 1920 à Anvers, Reichel évoque devant l'un de ses collègues belges, Victor Boin[2], un projet. Pourquoi ne pas créer une organisation qui rassemblerait, à travers le monde entier, les journalistes spécialisés dans le sport ? Sous les yeux de Boin, il joue avec cette idée, la fait miroiter, lui donne forme.

Mais si les deux compères sont enthousiastes, ils sont bien seuls. Quatre années durant, c'est-à-dire jusqu'aux Jeux olympiques suivants, en 1924 à Paris, leur projet peine à fédérer. Quarante ans plus tard, lors du Congrès de Naples, en 1964, Victor Boin lèvera le voile sur les difficultés rencontrées pour créer une AIPS qui fête alors son quarantième anniversaire : « *Nous sommes en 1920, rappelle-t-il, la Première Guerre mondiale laisse après elle, d'affreuses séquelles ; bien des nations sont exsangues, épuisées, cherchant péniblement leur second souffle. Pourtant après les combats, les réconciliations, le désir humain des reprises de contact. Le Sport va jouer un grand rôle pour le rapprochement des peuples. La presse sportive est prête à prendre ses responsabilités. Et ce sont les Jeux olympiques d'Anvers qui s'annoncent dans une atmosphère nouvelle de détente et de prudente confiance.*

*J'étais à l'époque lieutenant-pilote aviateur, chef des services sportifs de l'aéronautique militaire belge ; mais aussi journaliste de profession... Le Comité olympique de mon pays me demanda d'assumer les fonctions de secrétaire de presse et de propagande des VII^e^ Jeux mon-*

1. Avant de devenir journaliste sportif à *L'Avenir*, puis au *Figaro*, Frantz Reichel avait notamment été international de rugby. Au moment de la création de l'AIPS, en 1924, il était secrétaire général des Jeux, organisés cette année-là à Paris.

2. Rédacteur en chef de *La Nation Belge*, Victor Boin participait pour la troisième fois, en 1920, aux Jeux olympiques (après ceux de 1908 et 1912), en qualité d'escrimeur et de joueur de water polo.

*diaux, en collaboration avec mon ami et confrère, Fernand Germain. La tâche s'annonçait difficile. Nous partions à zéro, sans documentation, sans information, sans nouvelles du plus grand nombre de nos anciens amis de la corporation : disparus, tués, pensionnés ?*

*Nous réussîmes à constituer un dossier "européen" qui allait nous permettre d'organiser, sur des bases professionnelles valables, notre mission. Nous avions, Fernand Germain et moi-même gardé dans beaucoup de pays des amitiés précieuses. Elles nous furent utiles. C'est alors que cet éminent journaliste français, Frantz Reichel, entre-temps désigné pour jouer le même rôle que nous en prévision des Jeux olympiques de Paris en 1924, nous demanda de lui communiquer les renseignements, les adresses qu'après beaucoup d'investigations, de correspondances, de démarches, nous avions pu recueillir.*

*Frantz Reichel vint à Bruxelles. Très impressionné à la lecture du dossier que je lui présentai, par l'ampleur, le rayonnement, l'importance que prenaient la critique et la littérature spécialisée dans les choses du sport de compétition, il me proposa de créer une Association internationale pour la défense des intérêts moraux et matériels de ceux qui œuvraient dans ce but. L'idée était lancée.* »

C'est donc ainsi qu'est née l'AIPS, en 1924, lors de l'édition parisienne des Jeux, comme un écho symbolique au renouveau de l'olympisme initié par le baron Pierre de Coubertin, en 1894, lors d'un vibrant appel lancé depuis la Sorbonne. Car la naissance de l'AIPS avait été précédée de jalons importants et significatifs. Ainsi, en 1894, à Paris, au moment même où le baron de Coubertin, dans une intuition géniale, créait les Jeux de l'ère moderne, le « Syndicat de la presse sportive et touristique » voyait le jour, avant de se transformer, en 1905, en « Association des journalistes sportifs », précurseur de l'actuelle « Union syndicale des journalistes sportifs de France ».

L'Association des journalistes sportifs (AJS) reste aujourd'hui la plus ancienne association de journalistes sportifs français encore existante puisqu'elle est née en 1905. Pourtant, elle est loin d'être la première. Les journalistes de sport avaient déjà éprouvé le besoin de faire valoir leur identité spécifique et de défendre leurs droits, dès la naissance de la presse sportive, dans les vingt dernières années du XIX^e siècle.

**1891** : le Syndicat de la presse sportive parisienne est fondé par A. de Saint-Albin (*Le Figaro*), Fernand Laffon (*Le Petit Journal*) et Lucien Kisch (*Diavolo*). Son siège social se trouve au 12, place Vendôme, à Paris. Son objet : défendre le sport, les droits de ses membres et leur assurer un secours mutuel.

**1894** : l'Association de la presse cycliste est créée. Le premier président est un avocat à la Cour d'appel : Jean Bataille. Parmi ses membres d'honneur se trouvent Louis Barthou, futur ministre, Paul Doumer, futur président de la République, Pierre Baudin, député qui deviendra le premier président de l'AJS, et, comme membre actif, Frantz Reichel, futur président de l'AIPS. Son siège est sis au 29, rue Jean-Jacques Rousseau. Son objet : être une association de protection mutuelle pour défendre les intérêts professionnels et ses membres.

**1895** : le Syndicat de la presse sportive française est fondé par un groupe de directeurs et de rédacteurs de journaux spécialisés. Son président, Marc de Brus, dirige *Le Chasseur Illustré* et son vice-président, le docteur Deneuve, préside aux destinées de *La France Aérienne*. Sont également membres : le président de la Société de l'escrime et le directeur du *Robinson des Bois*. Son siège est au 47, boulevard Montmartre. Son objet : le développement en France de tous les sports et exercices de la vie au grand air et l'assistance professionnelle portée à ses membres.

**1896 :** le Syndicat des journalistes vélocipédiques et de la presse athlétique voit le jour. Il s'agit d'un regroupement de spécialistes des sports les plus en vogue à l'époque appartenant à la presse d'information. Son président, A. Pecqueux, représente le *Journal des Débats* ; Rodolphe Darzens représente, lui, *Le Journal* ; A. De Lucenski, *Le Temps* ; Pierre Lafitte, *L'Écho de Paris* et *Le Vélo*, premier et alors seul quotidien sportif. Le Syndicat a pour représentants son directeur Paul Rousseau et Frantz Reichel. Son siège est au 79, rue de Rome. Son objet : favoriser le développement de la « vélocipédie » et des sports athlétiques, faire respecter les droits des journalistes et sauvegarder l'honneur et la considération d'une profession[1].

Ainsi, au moment où les Jeux renaissent, en 1896 à Athènes, une poignée de journalistes français œuvre sur place, écrivant cette chronique des Jeux que nous ne faisons que prolonger depuis. Des journalistes isolés et d'un type un peu particulier, car travaillant une matière inédite pour la presse quotidienne de cette fin de XIXe siècle : le sport. De cette première saga date l'apparition progressive de rubriques exclusivement dédiées au sport dans les principaux journaux du monde entier.

À Athènes, en 1896, il y a treize journalistes. Certains sont des écrivains de profession, comme Charles Maurras dont le livre *Anthinea : Le Voyage de Naples à Athènes* sera un succès. D'autres sont des pratiquants qui joignent l'utile à l'agréable en participant aux épreuves olympiques avant d'écrire tranquillement et de transmettre leur vision des Jeux. Le plus connu est sans doute Frantz Reichel. Mais il n'est pas le seul sportif-journaliste venu couvrir ces premiers Jeux. Il y a également Kurt Doerry (1874-1947), l'un des pionniers du journalisme sportif en Allemagne. Spécialiste d'athlétisme au journal *Sport im Bild*, fondé en 1895, Doerry

1. Voir Toussaint Jean-François, *Histoire du sport français*, Éditions PAC.

avait été élu dans la sous-commission chargée de sélectionner les équipes d'athlétisme et de football allemandes qui devaient se rendre à Athènes. Naturellement, le meilleur sprinter allemand qu'il était[1] est du voyage. En Grèce, il buta dès les éliminatoires du 100 m en terminant cinquième de sa série remportée par l'Américain Thomas Burke, futur champion olympique. Doerry n'eut pas plus de chances sur 400 m, où malgré sa troisième place au tour préliminaire il ne fut pas qualifié pour la suite de la compétition. À Paris, quatre ans plus tard, l'Allemand devait remettre cela mais ne parvint pas, en raison d'une blessure, à passer le cap des demi-finales du 100 m. Il fut l'un des premiers membres de l'AIPS et en fut même vice-président de 1928 à 1936.

*« À l'époque, l'actualité n'était pas une denrée très demandée. Doerry expédia ses comptes rendus, à Berlin, par courrier ordinaire, même ceux, qui comme le reportage du marathon, contenaient les noms de champions. La plupart de ses articles étaient publiés une semaine plus tard, explique le chroniqueur Hans-Dieter Krebs. Seules les victoires des gymnastes allemands furent communiquées à Berlin par télégramme, d'après ce que Doerry raconta plus tard. Il jugeait ce procédé par trop extravagant. Toutefois, les Allemands semblaient d'ores et déjà avoir saisi l'importance des Jeux olympiques puisque son éditeur le pria "d'envoyer plutôt davantage de nouvelles par télégramme." L'actualité coûtait cher et Doerry, à l'instar d'autres reporters, dont l'Autrichien Adolf Schmal, escrimeur et champion olympique cycliste dans l'épreuve des 12 heures en 1896*[2]*, ne voulait pas dépenser trop d'argent en télégrammes "d'autant qu'une lettre par express ne prenait que quatre jours pour arriver à Berlin." Quelle époque extraordinaire ! D'après Doerry,*

1. Doerry avait réussi 22"6 sur 200 m et 54" sur 440 yards en 1895.

2. Adolf Schmal devait remporter, outre son titre de champion olympique des 12 heures, deux médailles de bronze sur le 333 m contre la montre et le 10 km sur piste. De plus, il devait terminer quatrième du concours de sabre individuel.

*Victor Boin, le deuxième président de l'AIPS, médaillé olympique avait été le premier athlète à prêter serment aux Jeux olympiques d'Anvers en 1920. (© collection Serge Laget).*

*il n'y avait pas de liaisons téléphoniques internationales. Qui plus est : "L'idée de transmettre par téléphone à Berlin, Paris ou Londres une image détaillée de l'ambiance qui régnait à la cérémonie d'ouverture ou le déroulement passionnant d'une compétition aurait sans doute provoqué de l'étonnement à l'époque." Quarante années plus tard, Doerry s'est souvenu : "La notion journalistique d'actualité était pour ainsi dire inconnue. Vous transmettiez sans doute par télégramme les nouvelles les plus importantes sous forme abrégée ; pour le reste, on se contentait d'envoyer des comptes rendus écrits".*[1] »

De son côté, Frantz Reichel s'emporte à l'époque, dans les colonnes de *Vélo*, contre « *La Commission des Jeux olympiques* [qui] *perd de plus en plus la tête et pourtant elle a à son service la compétence de M. de Coubertin. Mais celui-ci en dépit de tous ses efforts, ne peut parvenir à parer à l'affolement de ses collaborateurs. Impossible d'obtenir un renseignement : le journaliste est envoyé de chambre en chambre, de secrétaire en secrétaire, et au bout de deux ou trois heures d'énergiques efforts, on finit par apprendre que les courses à pied se courront au Stade, les courses cyclistes au Vélodrome, les courses de natation dans la mer. Les organisateurs sont excusables. La plus petite chose les étonne, les embarrasse, les inquiète. C'est le premier essai et, dame, ils ont grand-peine à distinguer l'important de l'inutile. Je suis retourné au stade. Il s'élève sur l'ancien stade panhellénique dont certains vestiges demeurent encore et ont été religieusement conservés. La piste, qui mesure 400 mètres, a des lignes droites superbes de 180 mètres environ. Vous voyez d'ici les tournants ! J'ai tenté de faire remédier à leur trop court développement en demandant qu'une barrière solide fût disposée à la corde intérieure des tournants pour permettre aux coureurs de combattre la force centrifuge en se retenant à cette barrière. Quelle tempête dans un verre d'eau ! Finalement, après avoir recueilli*

1. Voir Krebs Hans-Dieter, *Kurt Doerry, reporter olympique*, Bulletin du Congrès olympique du Centenaire, Paris, 1994.

*les avis de Pierre, de Paul et de Jacques, on a décidé de laisser les choses en l'état "parce que la situation était la même pour tous et que s'il y avait des chutes, les courses n'en seraient que plus intéressantes." Il paraît aujourd'hui que le programme serait définitif. La chose me semble bien prodigieuse. Si tout était arrêté, décidé, les organisateurs seraient désespérés de ne plus avoir quelque futile prétexte pour jouer aux débordés, aux affolés. Ça leur permet d'ailleurs de ne fournir à la presse aucun renseignement. Ils n'ont jamais le temps. »*

Mais la Première Guerre mondiale devait se charger de balayer tous ces soucis, en portant un coup terrible aussi bien à la presse sportive naissante qu'à l'olympisme renaissant. L'édition berlinoise des Jeux prévue en 1916 fut annulée tandis que le sport était progressivement oublié dans les pages des grands quotidiens, au profit de sujet d'une actualité beaucoup plus brûlante. Pour autant, la paix en 1918 ne se traduisait pas par un retour à la case départ. Incarnant en partie l'esprit pacifiste né de l'écœurement généré par quatre ans d'un conflit extraordinairement sanglant, la presse sportive prend alors un essor sans précédent.

Seuls les journaux britanniques résistent encore, mais plus pour très longtemps, à la spécialisation qui pousse toujours plus de reporters de par le monde à se consacrer à l'actualité des stades. De nombreux pays, autres que la France, disposent désormais de leur association nationale de la presse sportive. À l'occasion de reportages de plus en plus fréquents sur les diverses épreuves organisées, chacun s'efforce de mettre au jour les spécificités de ce type de reportage et d'esquisser une réponse commune aux problèmes posés. L'idée d'une organisation internationale est déjà dans les esprits.

Le premier acte officiel interviendra donc quatre ans plus tard. Le mercredi 1er juillet 1924, les deux compères Frantz Reichel et Victor Boin, c'est-à-dire, outre leurs activités de journalistes, le secrétaire général des Jeux alors et son prédécesseur, ont rassemblé quatre-vingts des sept cents journalistes venus à Paris pour « couvrir » les Jeux olympiques, au numéro 2 de l'avenue des Champs-Élysées, dans les locaux du Sporting Club de France. Le tout sous le haut patronage de Henry Paté, un ancien joueur de rugby devenu député, et avec l'appui actif du conte Henri de Baillet-Latour, bras de Pierre de Coubertin au CIO.

Une réunion dont *L'Auto*, ancêtre du quotidien sportif français *L'Équipe*, rend alors compte : « *Ce matin, à 9 h 15, au Sporting Club de France se produira un petit événement. Pour la première fois, la presse sportive et touristique se réunira en un Congrès international pour consigner les bases de l'Union internationale de la presse sportive. La France est l'initiatrice de ce projet avec Frantz Reichel et Henri Pozzi. Les délégués français seront Georges Bruni, Paul Champ et Marcel Delarbre. Nombreuses sont les nations qui y ont adhéré et personne ne doute que dans les prochains jours s'en découle du bon travail.* »

Les journalistes présents représentent vingt-neuf pays dont huit seulement[1] disposent alors d'une association professionnelle, condition *sine qua non* pour être membre de droit de la future AIPS. Quant aux vingt et un pays restants, les « *observateurs* », ils sont représentés par un ou plusieurs journalistes, mais uniquement à titre individuel[2].

En guise de discours introductif, Henry Paté remercie l'ensemble des participants de bien vouloir participer à ce Congrès fondateur, répondant ainsi à l'invitation lancée par le *Syndicat de la Presse*

---

1. Ces huit pays fondateurs sont : l'Allemagne, l'Autriche, la Belgique, la France, la Hongrie, l'Italie, la Pologne et la Suède.

2. Ces vingt et un pays observateurs sont : l'Argentine, l'Australie, la Bulgarie, le Canada, Cuba, le Danemark, l'Égypte, l'Espagne, les États-Unis, la Finlande, la Grande-Bretagne, le Japon, la Lituanie, le Luxembourg, la Norvège, les Pays-Bas, le Portugal, la Roumanie, la Suisse, la Tchécoslovaquie et la Turquie.

*sportive et touristique*. Et, d'emblée, il propose d'élire un Bureau qui aura pour mission de diriger les travaux[1]. C'est chose faite rapidement. À l'unanimité, Frantz Reichel est désigné président. Première initiative du tout nouveau président : il propose de nommer deux commissions, l'une chargée d'élaborer des statuts pour l'Association internationale à venir, l'autre devant rédiger une charte du journaliste sportif.

Prenant alors la parole, Victor Boin cadre les débats : « *Quel est notre but ? Bâtir une association professionnelle capable de défendre les intérêts moraux et matériels des journalistes sportifs. De plus, nous voulons créer une carte internationale, délivrée à tous les journalistes membres du Comité directeur, qui facilitera notre tâche.* »

Le lendemain, *L'Auto* rend compte des débats : « *Le premier Congrès international de la presse a débuté hier matin sous la présidence de Henry Paté. Trente-deux pays étaient représentés ce qui démontre le succès complet de cette initiative. Sur proposition de Paul Champ un bureau provisoire a été nommé, il est ainsi constitué : Frantz Reichel (FRA) président, James Meredith (USA), Torsten Tegner (Suède), et Victor Boin (BEL) vice-présidents et Henri Pozzi (FRA) secrétaire général. Deux commissions ont été nommées et devront présenter leurs conclusions jeudi. Une sera chargée du règlement de cette union internationale et l'autre du statut du journaliste sportif.* »

Dès le vendredi 3 juillet 1924, veille de la cérémonie d'ouverture des Jeux à Paris, les congressistes sont à nouveau réunis. Entre pays affiliés et membres individuels, c'est un total de dix-sept pays, cette fois, qui est représenté. Les Japonais font valoir que, la veille, ils ont officiellement constitué une Association de la Presse sportive japonaise. Aussi, sollicitent-ils leur intégration formelle

---

1. Ce bureau inaugural est le suivant : Frantz Reichel (France), président ; Victor Boin (Belgique) et Torsten Tegner (Suède), vice-présidents ; Henri Pozzi (France), secrétaire-général ; A. Sekota (Tchécoslovaquie), secrétaire-général adjoint.

au sein de l'AIPS, ce qui est acquis à l'unanimité. Neuf associations nationales sont désormais parties prenantes de l'AIPS.

Quant aux discussions sur les statuts, elles vont bon train. Ceux-ci sont adoptés article par article. Mais l'une des mesures les plus importantes consiste en l'usage officiel du français et de l'anglais à parts égales. Viennent enfin les élections aux termes desquelles, Frantz Reichel est élu président. Juriste de formation, fondateur du Syndicat de la presse sportive et touristique, Reichel s'est lancé dans le journalisme sportif à la fin de sa carrière de sportif. Il devient donc président fondateur de l'AIPS, avant d'être élu en 1928, lors du Congrès d'Amsterdam, pour un nouveau mandat de quatre ans qu'il ne pourra terminer. Il décède en effet le 24 mars 1932, soit trois mois avant le terme de son mandat[1].

*« Hier, 18 nations ont créé l'Association internationale de la presse sportive, rapporte* L'Auto, *dans son édition en date du 4 juillet 1924. Frantz Reichel a été désigné président. Aucune élection ne pouvait coïncider plus avec le désir exprimé par les congressistes de voir leurs droits défendus partout dans le monde. Les 67 électeurs ont élu les vice-présidents à bulletins secrets : André Glarner (GBR) 63 voix ; Victor Boin (BEL) 60 voix ; Erik Pallin (SWE) 60 voix ; Tosaku Kinoshita (JPN), 27 voix ; Georges Bruni (FRA) est nommé secrétaire général et Th. Lesturgeon (NED) trésorier. Il y avait approximativement 80 congressistes. Discussions intenses mais toujours cordiales. On adopte d'abord les statuts : 15 articles. La charte des journalistes est ensuite adoptée dont nous dirons ici qu'elle s'inspire du désir de reconnaître uniquement les collègues qui obtiennent du journalisme le principal de leur revenu. Finalement Marcel Delarbre a fait approuver une déclaration solennelle qui affirme que les journalistes sportifs s'inspirent d'un idéal en matière d'éducation physique grandement ouvert à tous. »*

---

1. Voir annexes.

L'AIPS s'est donc dotée d'un large comité directeur de vingt-trois membres, une manière de tenter de satisfaire une majorité des participants. Pourtant, certaines absences apparaissent. Ainsi, l'Allemagne, l'Autriche et la Hongrie – tous trois pays fondateurs – ne sont pas représentés. En revanche, la Belgique, la Pologne et la Suède disposent de deux représentants. Quant aux pays présents par le biais de représentants à titre individuel, on notera que l'Australie, le Danemark, les États-Unis, la Finlande, la Lituanie, le Luxembourg, la Suisse et la Turquie, restent spectateurs. À l'inverse, des pays ne disposant pas d'association nationale, comme la Grande-Bretagne ou les Pays-Bas, se retrouvent avec des représentants au comité directeur. Qui plus est à des postes importants, comme le Britannique André Glarner, nommé vice-président, ou le Néerlandais Th. Lesturgeon, trésorier.

Si *L'Auto* relate en détail la création de cette nouvelle structure professionnelle, il n'en va pas de même pour le reste de la presse française. Seul *Le Figaro*, dans son édition du 4 juillet 1924, mentionne l'acte de naissance de la nouvelle venue en ces termes : « *Hier, les représentants de 18 nations ont créé l'Association internationale de la presse sportive. Frantz Reichel a été élu à la présidence.* » Il est donc très surprenant que la presse française, dont deux représentants – Reichel et Bruni – sont élus à des postes importants, se désintéresse de cet acte fondateur.

La nouvelle association formule pourtant clairement son credo : « *En plus de la défense de leurs intérêts matériaux, les journalistes sportifs entendent collaborer intimement à l'œuvre totale de progrès et d'éducation qui, rayonnant à travers le monde, permettra à l'idée sportive de remplir efficacement sa haute mission de fraternité et de paix entre les peuples. Informateurs et critiques, chroniqueurs ou reporters, les journalistes sportifs revendiquent la fierté de pouvoir être à la fois des réalistes sincères et des idéalistes fervents, pénétrés de l'importance d'un rôle où se reflètent chaque jour la pensée, les espérances ou les décep-*

*Pierre de Coubertin fut l'un des nôtres. (© collection Serge Laget)*

*tions des foules. S'adressant en particulier aux jeunes générations, les journalistes sportifs ont le souci de donner l'exemple du jugement impartial et de l'opinion loyale. Ils ne s'inspirent pas des rivalités passagères, indispensables créatrices d'émulation et d'effort mais se donnent pour objectif supérieur, le sport qui consiste à améliorer l'être humain et servir à l'amélioration de la collectivité. Ils veulent mettre la morale et la beauté au-dessus de la compétition. Les journalistes sportifs qui aiment à glorifier leurs patries respectives veulent être les artifices d'une civilisation dirigée par l'intelligence dans laquelle l'affrontement des énergies prend pour arbitre le sport. Le Congrès proclame son dévouement à l'amitié sportive, capable de semer dans la grande famille de l'humanité les idées de concorde, de justice et de respect réciproques. »*

Voici d'ailleurs, le texte des premiers statuts de l'Association internationale de la presse sportive :

Article 1

Le nom de l'Association, constituée à Paris, le 1er juillet 1924 en vertu des présents statuts, est Association internationale de la presse sportive (AIPS).

Article 2

L'AIPS est constituée par l'Union des associations nationales elles-mêmes composées exclusivement de journalistes professionnels ou par des membres individuels qui sont des journalistes professionnels dans les pays où il n'existe pas d'associations spécialisées ou encore dont l'Association nationale n'a pas encore adhéré à l'AIPS.

Article 3

L'AIPS reconnaît seulement une Association spécialisée par pays. L'Association nationale admise déclare avoir pris connaissance des présents statuts et déclare également les accepter et s'engage à les respecter. Les membres de chaque Association nationale qui a adhéré sont admis d'office comme membres de l'AIPS.

Article 4

L'AIPS a pour but :

1. De garantir la coopération des diverses associations nationales pour la défense du sport et des intérêts professionnels de ses membres.

2. Faire que toutes les associations reconnaissent les sanctions à caractère professionnel prononcées par chacune d'elle.

3. Resserrer entre les journalistes sportifs de tous les pays les liens d'amitiés, de solidarité et d'intérêt commun.

4. Obtenir des pouvoirs publics et des organismes sportifs, par les associations nationales et leur collaboration, tous les avantages qui permettent à ses membres d'accomplir leur mission professionnelle avec la plus grande facilité. En particulier dans le domaine des chemins de fer et des autres moyens de transport, les passeports, les douanes, le téléphone, le télégraphe, la télégraphie sans fil, la radiophonie...

### Article 5

Les membres de l'AIPS recevront une carte fédérale qui, visée par les présidents de l'AIPS et de leurs associations nationales respectives, leur servira de carte d'identité reconnaissant leur qualité de journaliste sportif dans les pays où ils doivent travailler. Les Associations nationales sont invitées à octroyer au porteur de cette carte les mêmes privilèges que ceux concédés à leurs propres membres ou faire que les pouvoirs sportifs compétents les leur octroient. Les journalistes ayant adhéré individuellement à l'AIPS recevront une carte fédérale visée par le président de l'AIPS qui leur donnera droit aux avantages cités précédemment.

### Article 6

L'AIPS a son siège dans le pays où réside le secrétaire général.

### Article 7

Le Comité exécutif de l'AIPS est l'unique organe compétent pour décider à propos des demandes d'admission qu'il s'agisse d'associations ou de membres individuels, sous réserve d'approbation de l'Assemblée générale.

### Article 8

Un Congrès se tiendra obligatoirement tous les quatre ans. Il aura lieu dans le pays et de préférence dans la ville où sont célébrés les Jeux olympiques. Sauf en cas de force majeure. Le Comité exécutif se réunira au moins une fois dans l'année et, si possible, devra célébrer annuellement une assemblée de ces membres affiliés.

Article 9

Aucune association ne pourra être représentée à l'Assemblée générale par plus de trois membres. Chacun d'entre eux aura droit à une voix. Au cas où une association serait représentée par moins de trois membres, elle aura la possibilité d'octroyer une autorisation écrite à l'un ou l'autre de ses délégués chargés d'une procuration. Le vote des délégués est individuel.

Article 10

Au moins trois mois avant le Congrès quadriennal le secrétaire général donnera à chaque association adhérente et à chaque membre individuel un ordre du jour de la réunion et les propositions de motions devront arriver quarante jours avant l'assemblée.

Article 11

L'AIPS est administrée par un comité exécutif composé de :

1. Un bureau qui comprend : le président, quatre vice-présidents, un secrétaire général, un secrétaire adjoint et un trésorier.
2. Un délégué aux votes pour chaque pays représenté.

Le Comité est élu par l'Assemblée générale, à la majorité absolue et à bulletin secret. Ses membres sont nommés pour quatre ans et sont rééligibles. Chaque délégué doit appartenir professionnellement à un journal du pays qu'il représente.

Article 12

Le Comité exécutif est chargé de la gestion des affaires courantes, de l'admission des nouveaux membres et, de manière générale, de toutes les mesures nécessaires à la réalisation des buts de l'AIPS.

Article 13

Le Congrès fixera tous les quatre ans les cotisations exigibles des associations et des membres individuels.

Article 14

Le Comité exécutif, dans la mesure du possible, tiendra au courant de ses travaux et de son activité les associations et les membres affiliés. Un bulletin de nouvelles sera édité au moins une fois par an et rédigé en français et en anglais.

Article 15

Le texte officiel des statuts de l'AIPS est établi en français et en anglais.

Même si l'enthousiasme local n'est guère au rendez-vous, ce premier congrès révèle un trait qui, les années passant, se montrera caractéristique : l'importance quasi permanente de la France au sein des institutions de l'AIPS. Par la suite, le nom de journalistes français réputés apparaîtra dans les instances dirigeantes et la vie même de l'AIPS, ainsi Émile-Georges Drigny, Charles Denis ou Marcel Reichel[1], Félix Lévitan, Maurice Vidal, Jacques Marchand ou bien encore Jacques Ferran et Alain Lunzenfichter.

Présidée par Frantz Reichel – que Jacques Goddet traitera dans ses mémoires « *d'ayatollah de l'Olympisme* » – l'AIPS est donc officiellement créée et dotée d'un Comité directeur, de statuts ainsi que d'une charte du journaliste sportif. Vingt-quatre heures plus tard, dans le stade parisien de Colombes, la toute jeune AIPS participe à son premier événement officiel, alors que le président de la République française, Gaston Doumergue, déclare ouverts les Jeux de la VIII^e^ olympiade. Dès sa naissance, l'AIPS a partie liée avec les Jeux. Les statuts de la nouvelle venue prévoient que le congrès doit avoir lieu tous les quatre ans, l'année des Jeux, et dans la ville organisatrice des Jeux, une Assemblée générale ayant lieu annuellement. Toutefois, la suite des événements devait montrer que la distinction entre les deux n'était pas toujours évidente. Aussi, à partir de 1965, ces Assemblées générales disparaîtront pour être remplacées par des Congrès.

Des temps rudes et cruels émergent souvent des personnages hors normes au caractère solidement trempé. Né le 16 mars 1871, d'un père militaire, au moment où le premier coup de canon des Versaillais s'abattait sur la Commune, Frantz Reichel n'était pas destiné à mener une vie contemplative, toute dédiée à l'amour de la poésie et des fleurs. Au contraire, baptisé sur l'insistance de son commandant de père, François-Étienne « Obus » (!), celui qui,

1. Futur vice-président, Marcel Reichel était le fils de Frantz Reichel.

cinquante-trois ans plus tard, allait devenir le président fondateur de l'AIPS n'aura connu de l'existence que débauche d'énergie et fureur de combattre. Son tempérament bouillonnant et autoritaire, il aurait sans doute pu l'employer à servir l'art de la guerre. C'est pourtant à la promotion d'une toute autre cause, celle du sport perçu comme un trait d'union entre les hommes par-delà leurs nationalités, leurs races et leurs idéologies, qu'il décide très tôt de s'employer.

Dès ses premières années d'études, il contracte le virus sportif. Sans doute y était-il un peu prédisposé dans la mesure où son père, tout martial qu'il fut, ne dédaignait pas d'œuvrer en qualité de chronométreur officiel au sein de l'USFSA, alors seul groupement sportif français. Au lycée Lakanal, en région parisienne, le jeune Reichel découvre donc le vrai sens du mot compétition. Sur les pistes ou les terrains de jeu, un certain Bouisson, appelé à devenir plus tard président de la Chambre des députés, en fait alors régulièrement les frais. Pourtant, très vite, le cadre du sport scolaire lui semble trop étroit. Aussi quelques années plus tard, sera t-il recordman de France du 110 m haies dans le temps de 18 sec 6/10 et champion de France de cross-country (en 1889, 1890 et 1891). Il participe même aux Jeux olympiques, lors de leur renaissance en 1896 à Athènes, sur 110 m haies et 800 m. Bien que qualifié pour la finale du 110 m haies, il renonce car il doit couvrir pour *Le Vélo*, le journal dont il est l'envoyé spécial, la course de marathon qui se dispute au même moment. Son goût de la course à pied le poussera même à s'adjuger le record de l'heure, avec une distance parcourue de 16,411 km !

Mais le garçon est un boulimique. L'athlétisme ne le comble pas, même vécu dans ses déclinaisons les plus éloignées, du sprint à la course de fond. Parallèlement, il est donc champion de France de marche. Il ne dédaigne pas non plus la boxe ou l'escrime. Il passe d'ailleurs pour un duelliste redoutable, à une époque où au moindre mot de travers on se retrouve vite sur le pré aux petites heures du matin. À sept reprises, il y affrontera donc, lame en main, des imprudents ou des inconscients. Et sans jamais y laisser son honneur. Mais il lui faut encore connaître d'autres émotions. Il s'adonne donc au cyclisme où l'un de ses exploits les plus sensationnels, mais aussi les plus pénibles, a lieu lors du raid Paris-Berlin effectué en compagnie de Charles Gondouin. Pourtant, quelle n'est pas sa déception quand, la commission vélocipédique de l'USFSA le disqualifie pour manque à l'amateurisme. La bicyclette avec laquelle il avait réalisé son raid avait, en effet, été exposée sur le boulevard Montmartre ! Pionnier de l'automobile et de l'aviation (en 1908, il détient avec Wilbur Wright le record de durée de vol à deux passagers), il pratique également la gymnastique, l'équitation, la pelote basque ou bien encore l'haltérophilie !

Quelques années plus tard, Frantz Reichel se tourne vers le rugby. Champion de France avec le Racing club de France dont il est alors le capitaine, Reichel est appelé à deux reprises en équipe de France en 1893 et 1900. Il sera même sacré champion olympique avec l'équipe de France en 1900 aux Jeux olympiques de Paris. Mais l'homme a du caractère et bientôt il claque la porte du Racing pour rejoindre les rangs d'un SCUF qui, sous son impulsion, devient une grande équipe, atteignant deux fois la finale du Championnat de France, en 1910 contre Bordeaux et en 1914 face à l'Aviron Bayonnais. Mais il lui faut marquer plus encore le sport français et international de son empreinte. Un passage par l'arbitrage, où il officie notamment lors du match de boxe entre le Français Georges Carpentier et l'Américain Joe Jeannette au Luna Park de la porte Maillot, ou l'organisation d'épreuves comme des courses de fiacres ou des meetings d'aviation, ne parviennent pas à étancher sa soif.

C'est donc tout naturellement qu'il se tourne vers la création de fédérations sportives. Tour à tour ou simultanément, membre du Conseil de la fédération de football, président de la fédération de hockey, animateur de la Fédération française de base-ball, mais aussi secrétaire général du Comité national des Sports, du Comité olympique français ou de l'Académie des sports, il tente partout de faire progresser la cause du sport. À sa façon : toute en vigueur, parfois même dogmatique, voire violente dans l'expression de ses convictions. Il démolit, chamboule, reconstruit. Mais reste toujours animé d'une probité constante, et d'un besoin absolu de justice. Quitte parfois à ne pas bien saisir les problèmes dans toute leur ampleur.

Ainsi, ce féroce duelliste est-il un défenseur de l'amateurisme le plus absolu. Il y voit le seul moyen de préserver le caractère loyal, moral et éducatif du sport, ce qui l'amène, par exemple, à rompre brutalement avec ses camarades membres de la fondation de la Fédération française de football, à peine y était-il entré. Face à des présidents de clubs comme Henri Jooris pour Lille ou Georges Bayrou pour Sète, favorables à une liberté de choix entre amateurisme et professionnalisme, il campe fermement sur ses positions. Mais se sentant devenir minoritaire, il préfère claquer la porte plutôt que de devoir composer. Intransigeant !

Avec des idées aussi tranchées agrémentées d'un réel talent de polémiste, c'est tout naturellement qu'il se tourne alors vers la presse sportive. Effectuant ses débuts à *Vélo*. Acerbe, mordant et enthousiaste, il fait ses classes à l'époque glorieuse de Pierre Giffard. Plus tard, il rejoint *L'Avenir*, puis *Le Figaro*. Il grimpe rapidement les échelons de la profession, collaborant tout au long de sa carrière avec des « plumes » prestigieuses, comme celles de Pierre Laffite, Paul Hamelle, Victor Beyer ou Paul Rousseau. Commissaire général des Jeux olympiques organisés en 1924 à Paris, il œuvre pourtant encore en faveur de la reconnaissance internationale de l'haltérophilie qui, cette année-là, fait son entrée définitive au programme olympique.

Mais Frantz Reichel, affamé de travail, ne se contente pas de sa charge de journaliste et de président le l'AIPS, il poursuit sa tâche de débroussailleur du sport mondial. Par exemple, le 11 octobre 1930, à Paris, au titre de représentant de la Fédération internationale de hockey sur gazon il s'en va même discuter avec le CIO de la question du « congé avec salaire payé » en fait de l'amateurisme aux Jeux olympiques. Après une longue discussion la proposition du président de l'AIPS est adoptée à l'unanimité : « *Le congé accordé dans les conditions normales de la profession ou le congé accordé dans les mêmes conditions à l'occasion des Jeux olympiques et sous réserve qu'ils ne constituent pas, de façon détournée, un remboursement direct ou indirect du salaire perdu, ne tombe pas sous le coup de l'article 2 de la décision prise à la session de Prague (1925) et confirmée par le Congrès de Berlin (1930).* »

En conséquence, les règles de qualification pour les participants olympiques sont les suivantes. Ne pourra être qualifié pour les Jeux :

1. Celui qui est ou qui aurait été, en connaissance de cause, professionnel dans son sport ou dans un autre sport.
2. Celui qui aurait reçu des remboursements pour compensation de salaire perdu.

Frantz Reichel est un dirigeant sportif multicarte qui franchi allègrement des barrières que l'éthique réprouve aujourd'hui. Mais à cette époque, faire du sport, le diriger et en faire journalistiquement la critique ainsi que celle de ses opposants, était chose parfaitement commune et admise. Être juge et partie ne choquait pas et Frantz Reichel ne voyait donc aucune raison de se priver d'une telle arme.

## Premières épreuves

Créer une structure est assurément plus facile que de la faire vivre au quotidien. Les dirigeants de la toute nouvelle AIPS vont rapidement le constater. À peine, les Jeux de 1924 prennent-ils fin que Reichel, Boin, Bruni et les autres se retrouvent confrontés à une interrogation : *« Et maintenant, que fait-on ? »* Une interrogation que les difficultés de communication rendent plus complexe encore. Car, à cette époque, pas de téléphone portable ou de visioconférence. Les grandes épreuves sportives restent exceptionnelles. Le calendrier international n'a rien à voir avec celui – pléthorique – que nous connaissons aujourd'hui. Du coup, les journalistes sportifs se déplacent rarement en reportage à l'étranger et se rencontrent peu. D'où des contacts professionnels à peu près inexistants.

Aussi, d'entrée, un axe Paris-Bruxelles se développe-t-il presque naturellement. D'un côté Reichel, de l'autre Boin. Et, entre les deux hommes, seulement trois cents kilomètres de distance. Assemblées générales en 1925 à Paris, en 1926 à Anvers, puis de nouveau à Paris en 1927, 1929 et 1930, puis à Bruxelles en 1931 avec, entre temps, le Congrès d'Amsterdam en 1928. Une collaboration franco-belge s'esquisse sur des bases qui se révéleront durables. Ainsi verra-t-on, aux heures noires, un trio composé du président Victor Boin, du vice-président Marcel Reichel[1] et du secrétaire général français Victor Breyer prendre courageusement les commandes du Bureau provisoire mis en place pendant la durée de la Seconde Guerre mondiale, ceci afin de sauver l'existence même de l'Association. Car, l'AIPS est alors contrainte de mettre en sommeil ses activités. De même, plus tard, le tandem formé, de 1964 à 1973, par le président français Félix Levitan[2] et son secrétaire général

1. Voir note 2, p. 40 du chapitre précédent.

2. Chef du service des sports et rédacteur en chef du *Parisien Libéré*, Félix Lévitan devait ensuite devenir vice-président de l'AIPS de 1960 à 1964, avant de devenir le deuxième Français président de l'AIPS (1964-1985) après le président-fondateur Frantz Reichel.

belge Antoine Herbauts a-t-il été synonyme de période forte dans l'histoire de l'AIPS.

Pour autant, les premières années se révèlent délicates. Ainsi, à l'occasion du Congrès suivant, le 5 août 1928 au Parc Zoologique d'Amsterdam, dix pays sont présents[1] ainsi que les représentants à titre individuel de six autres[2]. En revanche, on ne trouve nulle trace de l'Autriche, de l'Italie et de la Pologne qui, quatre ans plus tôt, à Paris, étaient pourtant membres de plein droit !

Le vote pour désigner le nouveau Comité directeur fait également des dégâts. Seuls cinq élus sont maintenus à leur poste : le président Frantz Reichel, le vice-président Tosaku Hinoshita, le trésorier Th. Lesturgeon ainsi que les membres du Comité, William H. Ingram et Narciso Masferrer. Mais la principale surprise vient de Victor Boin qui, vice-président, se retrouve simple membre ! *« En raison de mes obligations professionnelles, je ne souhaitais pas alors avoir de responsabilités de ce type,* devait-il expliquer plus tard. *Mais Frantz* [Reichel] *a insisté pour que je reste au Comité, afin de lui succéder plus tard en qualité de président. »*

Autre nouveauté : ce Comité directeur compte dix personnes de moins que le précédent[3]. Entre Amsterdam, en 1928, et Ostende, en 1932, rares sont les informations concernant la vie interne de l'AIPS à avoir laissé trace. Le siège de l'association reste situé à Paris d'où, depuis le deuxième Congrès, elle édite *La Presse sportive internationale*, un bulletin en français et en anglais grâce auquel elle informe les associations nationales affiliées au même titre que ses membres individuels. Curieusement, à la lecture de *La Presse sportive internationale* en 1929, on découvre que onze pays sont membres

1. Allemagne, Belgique, France, Danemark, Espagne, États-Unis, Hongrie, Japon, Norvège et Suède.

2. Canada, Égypte, Finlande, Grande-Bretagne, Lituanie et Pays-Bas.

3. Voir annexes.

de plein droit[1] ! Que sont donc devenus les États-Unis, la Hongrie et le Japon depuis les Congrès d'Amsterdam ? Qu'est devenue l'Italie, figurant pourtant au nombre des pays fondateurs ? On le voit, pas plus la chronologie que la chronique de sa propre histoire, n'est alors le point fort de l'AIPS.

Le fait le plus marquant durant la période de quatre ans s'écoulant entre le deuxième et le troisième congrès, est la mort du président de l'AIPS. Le 24 mars 1932, Frantz Reichel est fauché alors qu'il travaille à son bureau du *Figaro*. Il disparaît trois mois avant le terme de son mandat présidentiel. Le vice-président Emil Andersen assure alors la présidence de l'AIPS, jusqu'au troisième Congrès.

Celui-ci s'ouvre le 25 juin 1932, dans les locaux de l'Automobile club d'Ostende. D'entrée, le secrétaire général Émile-Georges Drigny annonce que quatre associations nationales sont venues s'ajouter aux huit fondatrices. *« Actuellement, vingt-huit nations sont représentées au sein de l'AIPS,* déclare-t-il. *Douze d'entre elles par le truchement d'associations nationales, les seize restantes l'étant par le biais de membres individuels. »* Des chiffres repris par Victor Boin dans le télégramme qu'il adresse alors au roi Albert Ier de Belgique : *« La Presse sportive internationale, groupant vingt-huit nations, réunie à l'AC d'Ostende à l'occasion de son Congrès quadriennal, adresse, très respectueusement à SM le Roi des Belges l'hommage de sa profonde admiration… »*

À l'occasion de ce troisième Congrès, le trésorier annonce que l'association dispose d'actifs se montant à *« 2 505,15 francs suisses »*, ce qui n'empêche pourtant pas l'AIPS de suspendre provisoirement la parution de *La Presse sportive internationale*. De même, malgré une situation financière saine, le Congrès adopte le prin-

1. Allemagne, Autriche, Belgique, Danemark, Espagne, France, Hongrie, Norvège, Pologne, Suède et Suisse.

*À Ostende, en 1932, le nouveau Comité exécutif de l'AIPS entoure le président Victor Boin (2e en partant de la gauche) au premier rang. (© collection AIPS)*

cipe d'une augmentation des cotisations[1]. Enfin, le Congrès procède à l'élection de son Comité directeur pour l'exercice 1932-1936[2]. Et pour succéder à son président défunt, Frantz Reichel, l'AIPS désigne – par acclamation – Victor Boin. Dans son discours de clôture du Congrès d'Ostende, le nouveau président trace déjà les perspectives à venir pour les prochaines années : « *Nous allons continuer l'œuvre de notre ami Frantz Reichel,* assure-t-il. *Mettre tout notre enthousiasme et toute notre expérience au service du journalisme sportif. Et fixons-nous comme objectif pour notre prochain Congrès, dans quatre ans à Berlin, d'accueillir le plus grand nombre possible de pays dans nos rangs.* »

L'histoire ne faisait guère dans la demi-mesure alors, dévorant les vies par milliers dans les tranchées et dans les camps. En ces temps un peu rudes, certains eurent pourtant le bonheur d'être aimés des fées. Ainsi, Victor Boin. C'est même à pleines dents que le Belge bouillonnant croqua dans cette première moitié du siècle passé. Et avec une voracité d'autant plus grande qu'il fut toujours aux premières loges au moment où la folie des hommes faisait rage.

La chronique déborde de grands hommes dont les traits de caractère les plus marquants sont apparus très tôt, dès l'enfance. Sur ce point au moins, le destin du petit Victor ne fait pas exception à la règle. Ainsi, le futur héros de guerre aux innombrables médailles et décorations s'illustra-t-il à tout juste 14 ans quand, alors qu'il se promenait sur une plage, il sauva d'une noyade hautement probable un nageur en perdition. S'étonnera-t-on ensuite

1. Pour l'exercice 1933-1936, elle se monte à cent quarante francs belges pour une Association nationale. Quant aux adhérents à titre individuel, pour les exercices 1933-1934 et 1935-1936, ils doivent acquitter vingt francs belges s'ils sont membres d'une association nationale et quarante si tel n'est pas leur cas.

2. Voir annexes.

d'apprendre que ce jeune secouriste devint, plus tard, médaillé d'argent en water polo aux Jeux de 1908 et de bronze quatre ans plus tard ?

De même, on ne sera guère surpris de lire que, dès 12 ans, le garçonnet pratiquait déjà plusieurs disciplines sportives, en compétitions nationales et internationales. Le water polo et la natation bien évidemment, mais aussi l'escrime, le patinage, le hockey sur glace, l'aviron et même le jiu-jitsu dont il devait d'ailleurs remporter en 1904 le premier tournoi officiel organisé en Belgique !

Car c'est à Bruxelles que le futur président de l'AIPS est né, le 28 février 1886. Il y fera des études scientifiques à l'Athénée Royal d'Ixelles et à l'Institut Simon-Stévin, avant d'intégrer l'École militaire. Engagé volontaire lors de la guerre de 1914-1918, il est d'abord affecté dans les autos mitrailleuses, avant de devenir pilote et de passer, en 1915, dans l'aviation où il servira toute la guerre durant. Devenu sous-lieutenant, il multiplie les sorties, lors d'opérations toutes plus risquées les unes que les autres, telle la destruction d'un sous-marin ennemi en mer du Nord, après avoir coulé à la mitrailleuse plusieurs mines flottantes et porté secours à des aviateurs français en danger !

Autant d'actes de bravoure qui lui valent l'honneur d'être désigné pour piloter l'avion à bord duquel la Reine Élisabeth de Belgique traverse la Manche le 5 juillet 1918. Victor Boin recevra ensuite les Croix de guerre belge et française avec palme, des décorations qui viennent vite retrouver sur une étagère ses médailles olympiques. Car, entre deux raids aériens, ce boulimique n'a pas oublié son amour du sport sous toutes ses formes. Ainsi, pendant la guerre, il évolue au poste d'arrière dans l'équipe de l'aviation militaire et s'impose régulièrement à l'issue de tournois d'escrime et d'épreuves de natation. Il sera même le capitaine de l'équipe belge de water polo classée première à l'issue des Jeux Interalliés militaires Pershing en 1919.

C'est donc tout naturellement qu'une fois démobilisé, il retrouve le chemin des gymnases et des bassins, ajoutant encore une activité d'arbitre à sa palette déjà large. Beaucoup plus tard, il sera même doyen des arbitres belges de boxe et arbitre honoraire de water polo. À peine le fracas des armes retombé, il arbore une double casquette, en 1920 à Anvers, à l'occasion des premiers Jeux olympiques de l'après Première Guerre mondiale : athlète, avec à la clé une médaille d'argent par équipes remportée à l'épée, et entraîneur avec l'équipe belge de water polo qu'il conduira jusqu'à l'argent. Régulièrement interrogé, des années plus tard, pour connaître le plus beau souvenir de sa riche existence, Victor Boin citera invariablement ces Jeux d'Anvers. Car, à cette occasion, le Comité olympique belge lui a fait une merveilleuse faveur. *« Mon plus beau souvenir ? Le jour où j'ai eu l'honneur de lire le texte écrit par Pierre de Coubertin pour prêter serment au nom de tous les concurrents engagés aux Jeux d'Anvers. »* Il ne pouvait y avoir plus belle distinction pour celui qui devait devenir – de 1955 à 1966 – président de ce même CNO belge et dont la vie aura été tout entière construite autour des idéaux de fraternité et d'amitié entre les peuples sur lesquels s'appuie le monde de l'olympisme.

Mais ces Jeux resteront marqués dans sa mémoire pour une autre raison également. Un soir, en marge des cérémonies officielles, son ami, le Français Frantz Reichel, lui fait part d'une idée qui lui trotte depuis longtemps dans la tête : créer une association internationale des journalistes sportifs. Car, depuis longtemps Victor Boin ne se satisfait pas de pratiquer le sport sous toutes ses déclinaisons possibles, il la chronique aussi. En fait, cet incorrigible éclectique a effectué ses premiers pas dans le journalisme dès… 1903. À 17 ans, il collabore au journal bruxellois, *La Réforme*. Depuis, il n'a cessé de travailler dans la presse, créant ou dirigeant de nombreuses revues, périodiques ou journaux, belges ou étrangers : *Les Sports*, *Le Petit Bleu*, *La Nation Belge*, *La Conquête de l'Air, Royal Auto, La Vie Moderne, N.N. Sport*... Il est donc particulièrement sensible au discours de Reichel et à la création en 1924 (année où Boin est une nouvelle fois médaillé olympique, obtenant l'argent par équipes à l'épée) de cette AIPS qu'il présidera de 1932 à 1956, succédant ainsi à son ami.

Progressivement, Victor Boin devient un personnage public. Sa silhouette s'arrondie. L'homme au cigare et au nœud papillon côtoie personnalités et têtes couronnées. Son champ d'action s'élargit. Au-delà du sport, il s'intéresse notamment à l'art. Dès l'enfance, son grand-père l'a initié aux arcanes de la musique et du théâtre. Désormais critique reconnu, il compte à présent au nombre de ses amis, le compositeur Eugène Ysaye, le violoniste Jacques Thibaud, le peintre Jean Laudy et son fils Jacques, le dessinateur portraitiste Jacques Ochs, l'acteur Fernand Gravey ou bien encore le chanteur de music-hall Maurice Chevalier. Il rencontre également des sommités scientifiques comme le physicien Albert Einstein, des inventeurs, des aventuriers...

La Seconde Guerre mondiale survient alors. Dès la mobilisation, Victor Boin reprend du service dans l'aviation. À la fin du conflit, il quittera les forces aériennes belges avec le grade de major. Mais le personnage est un homme curieux de tout – il s'intéresse notamment de près aux premiers pas de la télévision – et à qui il faut sans cesse de nouveaux défis. Président du groupe « Sports et Jeux » de l'Exposition universelle et Internationale de Bruxelles en 1958, il prend alors la pleine mesure de l'idée de solidarité sur laquelle repose le monde du sport. Le 3 février 1960, il fonde la fédération sportive belge des handicapés. Il fait alors office de précurseur en tentant de lier sport et déficience physique, qu'il s'agisse de handicap moteur ou sensoriel. Tour à tour, il deviendra président d'honneur de la fédération sportive des sourds-muets de Belgique, président du comité sportif des paraplégiques ou encore membre d'honneur des « Ailes brisées de Belgique »...

Quand, à 88 ans, la mort surprendra finalement cet infatigable enthousiaste, le journal belge *Les Sports* lui consacrera une pleine page dans son édition du 31 mars 1974. Sous le titre « *Victor Boin a été le plus éclectique des champions belges* », on y lira notamment cet hommage : « Victor Boin était un vrai grand sportif pour qui le sport n'était pas une fin en soi. » Pour lui, il s'agissait moins d'accumuler médailles et honneurs que de trouver par ce moyen-là une voie d'accès au développement physique et intellectuel auquel tout individu peut légitimement aspirer ainsi qu'à une forme d'intégrité intellectuelle. Morale bien exigeante, dira-t-on aujourd'hui. Mais l'histoire ne faisait guère dans la demi-mesure alors et Victor Boin pas davantage.

Mais pour lors, élu pour la période 1932-1936, il ignorait que sa présidence de l'AIPS ne durerait pas quatre, mais vingt-quatre ans. Même si six années durant – de 1939 à 1945 – l'Association devait être totalement inactive en raison de la Deuxième Guerre mondiale. Un très long bail au cours duquel Boin devait devenir le symbole même de l'AIPS, à tel point qu'en 1956 à Cortina d'Ampezzo, au moment de passer la main à son successeur, le Suisse Henri Schihin, le Congrès décidera de le nommer président d'honneur.

Le Congrès de 1936 s'ouvre le 31 juillet à Berlin, en présence du comte Henri de Baillet-Latour, président du CIO, et du « Reichsportführer » Von Tschammer und Osten. D'entrée, Victor Boin peut constater que son pari – « *accueillir* [dans quatre ans à Berlin] *le plus grand nombre possible de pays dans nos rangs* » – a été tenu. Vingt et une nations sont représentées, soit un record alors dans l'histoire de la jeune AIPS. Mais, beaucoup plus important symboliquement pour le président de l'AIPS est la présence à la tribune du successeur du baron Pierre de Coubertin, le père de l'olympisme moderne. C'est, en effet, la première fois qu'un président en exercice du CIO assiste à un Congrès de l'Association internationale de la presse sportive, même si l'histoire de ces deux entités a souvent eu partie liée[1]. Il s'agit donc d'une première forme de reconnaissance, même s'il faudra attendre encore vingt-trois ans pour que l'AIPS obtienne du CIO une reconnaissance officielle. Par la suite, la présidence du président du CIO lors des Congrès de l'AIPS deviendra plus naturelle et même presque systématique quand l'Espagnol Juan Antonio Samaranch sera devenu le patron de l'entité lausannoise. Ce dernier a d'ailleurs été nommé président d'honneur de l'AIPS dès 1981. Mais en 1936, la démarche est encore très inhabituelle.

Deux ans plus tard, à l'occasion de l'assemblée plénière organisée le 31 août 1938 à Amsterdam, le Français Félix Lévitan assiste pour la première fois à une réunion de l'AIPS, une structure dont il deviendra vice-président en 1960 et président quatre ans après. Depuis 1973, il est président d'honneur de l'AIPS.

Dès l'année suivante, Victor Boin est à Rome où se tient le Congrès mondial de la presse aéronautique. À l'occasion de ce rendez-vous, son intention est de rencontrer ses interlocuteurs italiens et de préparer la tenue de la prochaine assemblée de l'AIPS, prévue en août à Milan. Nous sommes alors en juin 1939 et les bruits de bottes qui résonnent en Europe – en Italie, entre autres – ne lui offrent guère la possibilité de mener à bien sa mission. Deux mois plus tard, la Deuxième Guerre mondiale débute. L'AIPS commençait à prendre son envol, le déclenchement de la guerre l'oblige à interrompre ses activités, en attendant des jours meilleurs.

Sur le Vieux Continent, les hostilités cessent le 9 mai 1945, mais la guerre se poursuit dans le Pacifique et il faut attendre le 7 septembre pour que les canons se taisent enfin. Partout sonne l'heure de la reconstruction. Silencieuse depuis six ans, l'AIPS s'at-

1. On se rappellera notamment que l'AIPS est née en marge des Jeux olympiques organisés en 1924 à Paris.

tache, elle aussi, à renouer les fils rompus par le conflit militaire. Nombreux sont les journalistes – simples soldats, pilotes ou correspondants de guerre – à avoir trouvé la mort au cours du conflit. Les rédactions, au même titre que les familles, sont en deuil. Sur l'initiative de Marcel Reichel, le journaliste français Victor Breyer et le président de l'AIPS Victor Boin se rencontrent le 1er décembre 1945 et décident de créer à cette date un bureau provisoire[1] afin de relancer les activités de l'association et de préparer une réforme de ses statuts. Mais il faudra attendre le 19 juillet 1947 pour que se tienne, à Bruxelles, la première Assemblée plénière depuis la fin de la guerre.

Outre les trois membres du bureau provisoire, cinq autres journalistes sportifs sont présents : les Belges Fernand Germain, Antoine Herbauts et Émile Kneipe, le Français Émile-Georges Drigny et, enfin, le Luxembourgeois Émile Goebel. La principale décision est d'organiser l'année suivante, en marge des Jeux olympiques prévus à Londres, le premier Congrès de l'AIPS, après la Deuxième Guerre mondiale. Et pour cela, les délégués commencent par procéder au recensement des associations nationales affiliées ayant repris leurs activités. Le résultat de ce travail n'est guère encourageant. La plupart ont disparu, huit seulement demeurent : Belgique, France, Italie, Luxembourg, Norvège, Pays-Bas, Suède et Suisse. Seul signe positif : la naissance en Grande-Bretagne d'une association des journalistes sportifs, premier nouvel adhérent à l'AIPS depuis la fin de la guerre.

Mais avant la tenue de ce Congrès londonien, le 11 août 1948, le bureau provisoire convoque une assemblée plénière préparatoire, le 22 mai 1948 au siège bruxellois de l'Union royale belge des sociétés de football association[2]. Nombreux sont les histo-

1. Victor Boin reste président, Marcel Reichel est vice-président et Victor Breyer secrétaire-général.

2. Voir annexes.

riens de l'AIPS à considérer cette assemblée bruxelloise comme encore plus significative que la réunion fondatrice de l'AIPS organisée du 1er au 3 juillet 1924 à Paris ! Comme on l'a vu, de multiples associations nationales ne sont pas encore parvenues à reprendre leurs activités à cette époque. La question se pose alors de savoir s'il faut ou non organiser le Congrès de Londres, si la tenue d'un tel Congrès a le moindre sens. Mais décider de différer ce Congrès, c'est prendre un risque : celui de voir l'AIPS disparaître à terme. À Bruxelles, les délégués hésitent longuement. Ils pèsent le pour et le contre, avant de trancher en faveur de la tenue du Congrès de Londres. Ils ne le savent pas encore, mais ils viennent tout simplement de sauver l'AIPS en lui permettant de reprendre la route et en lui permettant de se doter, à Londres, de statuts rénovés.

## *Chapitre III*

## RENAISSANCE

### Élargir l'horizon

En 1948, organiser les Jeux olympiques c'est aussi une manière de célébrer le retour à la paix. À sa manière, le Congrès de l'AIPS qui débute le 11 août à Londres, participe de cette logique du renouveau. Sans doute, les délégués présents dans la capitale britannique ne sont-ils guère nombreux[1], mais le nombre ne change rien à l'affaire. L'AIPS jette les bases de son propre renouveau.

Elle procède d'abord à la désignation de son Comité directeur. D'entrée, le président de l'association britannique, Harry England, fait une proposition. Il souhaite que Victor Boin soit reconduit à la présidence de l'AIPS en remerciement de l'excellent travail effectué à ce poste depuis 1932. Sa proposition n'est même pas mise aux voix. Les délégués l'adoptent immédiatement par acclamation. De même, les nominations qui suivent, au cours de cette journée, afin de compléter le nouvel organigramme de l'AIPS sont toutes acquises par acclamation[2].

1. Sept pays membres de plein droit sont présents, ainsi que trois pays aspirant à le devenir et vingt-deux délégués, observateurs compris.

2. Voir annexes.

On vient alors au dépoussiérage des tables de la loi de l'AIPS. Préparés depuis la première rencontre de Marcel Reichel, Victor Breyer et Victor Boin, le 1er décembre 1945, la réforme des statuts suscitent un large débat, avant de se terminer, là encore, par un vote par acclamation. Le Congrès de Londres aura donc décidément été celui de la relance du mouvement. Pourtant, la présence à Londres de près d'un millier de journalistes venus couvrir les Jeux olympiques de 1948, alors que deux douzaines d'entre eux seulement ont daigné participer aux travaux de l'AIPS, en dit long sur le travail d'information et de sensibilisation à accomplir auprès de la profession. Car, la plupart des reporters présents à Londres ignoraient tout de la tenue, au même moment, d'un Congrès de l'AIPS. Pire, certains ignoraient même tout de l'existence de l'AIPS !

Aussi, dans la foulée, l'AIPS s'attaque-t-elle à la délicate question des accréditations pour les Jeux olympiques ou les grands événements sportifs internationaux ainsi qu'aux conditions de travail des journalistes sportifs en reportage. Elle entend ainsi lutter contre les accréditations de circonstance et la présence d'invités non-journalistes occupant des places en tribune de presse au détriment d'authentiques reporters. Pour mener à bien ce combat, le comité directeur de l'AIPS est mandaté, lors de son assemblée le 28 avril 1950 à Gand, pour négocier avec les Comités nationaux olympiques et les organisateurs des dits événements, afin que l'attribution des cartes de presse se fasse désormais par le canal des associations nationales affiliées à l'AIPS ou, dans les pays où une telle affiliation n'existe pas, par le biais de groupes de presse qualifiés.

Parallèlement, les associations nationales devront s'assurer que les cartes de presse sont effectivement attribuées à des professionnels. Seuls ces journalistes encartés seront autorisés à accéder aux tribunes de presse. Celles-ci devront être suffisamment équipées, notamment en matière d'installations téléphoniques, pour que les journalistes puissent faire leur travail dans

*Réunion du Comité exécutif de l'AIPS, à Varsovie, le 6 juin 1933.* (© Collection AIPS)

des conditions convenables. Au cas où l'association nationale concernée ne parviendrait pas à obtenir des organisateurs la mise en place de ces conditions de travail minimum, elle devrait en informer l'AIPS pour que celle-ci puisse intervenir à son tour.

Enfin, une contribution au débat émanant du Français Georges Bruni est soumise à la réflexion des associations nationales. Ce texte leur demande instamment de n'admettre dans leurs rangs, en qualité de membres actifs, que des journalistes professionnels, c'est-à-dire dont l'essentiel des revenus résulte d'un authentique travail journalistique. Soutenu par les délégués britanniques, luxembourgeois et suisses, cette proposition devait ensuite être présentée lors du Congrès suivant de l'AIPS. Pourtant, aucune décision ne devait être prise à cette occasion. En fait, il faudra attendre l'assemblée de 1954 pour que ce thème soit de nouveau évoqué.

Ce même 28 avril 1950, le président Victor Boin donne la parole à son compatriote Rudolph-William Seeldrayers. Né en 1876, il a la particularité d'avoir été journaliste sportif de 1899 à 1935, collaborant à *La Vie Sportive* et à *L'Écho des Sports*. Mais, surtout, il est président du Comité olympique belge et, depuis 1946, membre du CIO pour la Belgique. Boin le connaît bien puisqu'il a été un sportif émérite, champion de Belgique du 110 m haies (1897), membre de l'équipe de cricket trois fois championne de Belgique. International de hockey sur gazon il est également capitaine du Waterloo Golf Club. Champion junior d'aviron (1902), il a été fondateur et président (1895-1905) de l'Union royale belge de football. Le président de l'AIPS l'a surtout côtoyé lors des Jeux olympiques d'Anvers, en 1920. Seeldrayers était alors le secrétaire technique de l'événement.

*« Votre président,* déclare alors R.W. Seeldrayers, *m'a demandé, en plus de ma conception du sport de vous parler de ma conception du journaliste sportif, se rappelant sans doute que j'ai pendant quelque trente ans rédigé, pour mon plaisir, sous le nom de plume de "Spectateur", la*

*chronique de football de* La Vie Sportive*... Ayant été des vôtres, j'ai pu me rendre compte de la noblesse de votre mission et des joies qu'elle procure. Personnellement j'estime que, pour le journaliste qui aime le sport, qui en comprend la grandeur et les valeurs morales, la ligne de conduite est toute tracée et facile à suivre. Elle tient en quelques mots : chasser les marchands du temple, exalter le fair play, le respect de l'adversaire, l'esprit de sacrifice au profit de l'équipe et la discipline librement consentie qui font les bons sportsmen, comme ils font les bons citoyens. Noble tâche assurément, mais aussi que de joies elle procure et tout d'abord celle de jouir doublement de la beauté d'une belle lutte sportive : en y assistant, puis en la faisant revivre par la plume pour le profit et l'enchantement de vos lecteurs. Et ici, me permettrez-vous, cessant un instant d'être votre confrère, pour devenir un de vos lecteurs, de me réjouir de voir diminuer considérablement le nombre des journalistes supporters. Parvenu à un âge où, dans ce voyage plus ou moins long qui nous mène de la naissance à la mort, l'on se retourne parfois "vers les horizons bleus parcourus le matin", je me rappelle que dans feu* L'Echo Sportif*, je fus un journaliste supporter, mêlé à pas mal de polémiques qui furent peut-être utiles en ces temps où le sport cherchait encore sa voie. Elles ne sont plus souhaitables aujourd'hui. Comme simple lecteur, j'avoue cependant que je souhaiterais voir disparaître l'abus des qualificatifs exagérés. Il est raisonnable que la jeunesse s'enthousiasme pour le sport, il n'est pas souhaitable qu'elle perde le sens de la mesure en voyant un journal consacrer quelques lignes à la visite d'un savant dont les découvertes ont rendu meilleure la vie humaine, alors que la page sportive parle de "match du siècle", des "géants du stade"...»*

Mais, un autre sujet occupe les membres de l'AIPS : les discussions avec la Confédération panaméricaine des journalistes sportifs afin d'aboutir à une intégration de cette entité au sein de l'AIPS. La Confédération souhaite faire une entrée en bloc dans l'AIPS et la création, à cette occasion, d'un comité de coordination ce que les statuts de l'association dirigée par Victor Boin ne permettent pas. Du coup, les délégués se retrouvent devant un dilemme : fusion ou association ? Sur l'initiative de Marcel Reichel, une motion est donc longuement discutée, puis adoptée, au cours de l'Assemblée extraordinaire en 1951 à Rome. Elle autorise le bureau de l'AIPS à mettre sur pied un projet d'accord avec la Confédération panaméricaine, lequel devra être examiné lors du Congrès prévu l'année suivante à Helsinki, en marge des Jeux olympiques. Les participants se quittent alors, non sans avoir été reçus auparavant par le Pape Pie XII dans sa résidence d'été à Castelgandolfo qui n'hésite pas à les mettre en garde : « *Vous n'êtes pas de simples reporters, chargés exclusivement d'annoncer les rencontres et les matches, d'en marquer les points et d'en proclamer les vainqueurs ; de faire pour ainsi dire de ce reportage superficiel un genre littéraire "sui genesis" par le coloris éclatant du style, par la vivacité pittoresque de la narration.* »

Le Congrès d'Helsinki se déroule le 30 juillet 1952. À la différence du Congrès précédent, en 1948 à Londres, les journalistes venus du monde entier pour rendre compte des Jeux olympiques sont dûment informés de la tenue du sommet de l'AIPS. Du coup, le nombre des présents est en forte hausse, atteignant le chiffre de trente-six, avec notamment la présence d'une solide délégation de pays venus du continent américain[1]. À l'inverse, les délégués russes brillent par leur absence, notamment le plus célèbre d'entre eux, Pietr Sobolev, futur premier vice-président de l'AIPS (1964-1972). Pour autant, seuls treize pays sont en situation de pouvoir s'exprimer, au moment de voter[2]. Ils seront en fait quatorze, après l'admission du Japon en cours de Congrès.

1. Argentine, Brésil, Chili, Uruguay et Venezuela.

2. Autriche, Belgique, Égypte, Finlande, France, Grande-Bretagne, Italie, Pays-Bas, Luxembourg, Norvège, RFA, Suède et Suisse.

Même ancien – on se souvient des discussions sur le sujet, en 1930, entre Frantz Reichel, alors président de l'AIPS, et le CIO – le débat autour de l'amateurisme et du professionnalisme supposé agite toujours le monde du sport. Pire, il réapparaît même un peu partout, sous des formes nouvelles. « *Où est le temps du véritable amateurisme ? Celui où l'on pouvait pratiquer le sport sans pour cela négliger les autres joies de l'existence ? Celui ou l'entraînement était considéré par nous comme un jeu, une détente après le travail, une manière de nous réunir entre camarades d'un même club, et non pas comme un travail commandé, minuté, où toute fantaisie est exclue*, interrogera ainsi Raymond Marcillac peu après. *Là était le véritable esprit sportif, celui défini par le baron Pierre de Coubertin, rénovateur des Jeux modernes. Cela ne nous empêchait pas, le jour du championnat, de donner le maximum de nos forces, de nous surpasser, de forger nos muscles et notre volonté, et d'accepter certaine discipline*, poursuivra le futur grand patron des sports d'une télévision française encore balbutiante. *Aujourd'hui la moyenne des performances a tellement progressé dans le monde qu'il est impossible de s'imposer sans se transformer auparavant, pendant des mois, en cheval de labour. Les objectifs du sport ne sont plus les mêmes. Il tend à devenir, à notre époque, une forme de contrôle pour voir jusqu'où peut aller la résistance humaine. La science y gagnera sans doute et en tirera des conclusions utiles, mais le champion devient un homme-cobaye, une mécanique, et l'on peut se demander si le sport pratiqué dans ces conditions est capable de rendre l'homme meilleur et d'améliorer la race. Le sport est devenu aussi pour les nations un puissant moyen de propagande. Dans certains pays, on intensifie la préparation d'une élite, on forme des athlètes d'État, uniquement pour obtenir ce résultat, sans se soucier du bien de l'individu. Combien nous préférons au champion de cette sorte celui qui, l'ère des exploits passée, poursuit un entraînement léger, obscur, anonyme, qui garantit son corps d'une vieillesse précoce*[1]. »

---

1. Marcillac, Raymond, *Le Monde*, 1er décembre 1953.

Mais à Helsinki, l'heure n'est pas encore venue pour les congressistes de l'AIPS de trancher dans un tel débat. Et puis, ils ont d'autres préoccupations. Ainsi, la présence d'une délégation de journalistes sud-américains fait penser à un accord imminent concernant l'intégration de la Confédération américaine. Il n'en sera rien, même si chacun se garde bien de fermer définitivement la porte à une telle intégration. Première surprise. Vient ensuite la question du renouvellement du comité directeur. Plusieurs mois avant la tenue du Congrès d'Helsinki, Victor Boin avait annoncé sa ferme intention de ne pas poursuivre son action à la présidence de l'AIPS débutée en 1932. Mais, contre toute attente, le patron de l'Association cède à l'amicale pression de ses amis et accepte de prolonger pour un nouveau mandat de quatre années supplémentaires, tandis que, dans le même temps, le Français Marcel Reichel devient simple membre après avoir été vice-président pendant sept ans. Seconde surprise.

Le départ définitif de Victor Boin de la présidence de l'AIPS, en 1956 à l'occasion du Congrès italien de Cortina d'Ampezzo, marquera symboliquement la fin d'une époque. L'AIPS est à présent fermement ancrée dans le paysage. Grâce à Victor Boin, elle est parvenue à traverser les années noires de la Seconde Guerre mondiale, pour rebondir ensuite.

Deux années avant que le Suisse Henri Schihin n'accède au fauteuil présidentiel, succédant ainsi à Victor Boin, paraît l'Annuaire 1954 édité en allemand, anglais et français par le bureau de l'AIPS. Une édition particulièrement intéressante dans la mesure où elle recense les dix-sept pays membres de plein droit[1], mais reproduit également le statut du journaliste sportif, ainsi que ceux de l'Association. Le tout accompagné d'un texte du baron Pierre de

1. Autriche, Belgique, Égypte, Finlande, France, Grande-Bretagne, Grèce, Israël, Italie, Japon, Luxembourg, Norvège, Pays-Bas, RFA, Sarre, Suède, Suisse.

Coubertin, La belle mission de la presse sportive internationale, dans lequel le président-fondateur du CIO décrit les conséquences de la popularité croissance du sport dans la société et les interventions les plus diverses, parfois même insolites, qu'elle génère. Dans la foulée, il se hasarde à définir la mission du journaliste spécialisé, en lui demandant de savoir séparer le bon grain de l'ivraie. Un texte grandement prémonitoire.

## En route vers la professionnalisation

Dans l'esprit du Suisse Henri Schihin, son accession à la présidence doit favoriser une évolution de l'AIPS qu'il souhaite tout à la fois plus efficace et plus internationale. En clair, il faut passer du stade de simple amicale à celui de société authentiquement professionnelle. Et le nouveau patron des journalistes sportifs mondiaux ne tarde pas à passer à l'action. Ainsi, fin janvier 1957, les membres du bureau, réunis à Luxembourg, sont-ils saisis d'une proposition visant à mettre en place une commission chargée de rédiger un projet de *« Directives générales à l'intention des services de presse lors de manifestations sportives internationales. »*

Le projet en question est dévoilé – et adopté – en septembre suivant à Knokke-le-Zout, lors de l'Assemblée générale de l'AIPS. Il repose sur quelques idées depuis longtemps évoquées dans divers cercles de l'association, mais jamais encore formalisées. Ainsi, à l'occasion d'épreuves majeures, comme les Jeux olympiques, les Championnats du monde ou d'Europe, l'AIPS charge-t-elle l'association nationale du pays organisateur d'entrer en contact avec la (ou les) fédération(s) internationale(s) sportive(s) concernée(s) ainsi que les organisateurs. En collaboration avec eux, l'association prendra en charge tout ce qui concerne l'organisation des conditions de travail des journalistes sur place, y compris ce qui touche à l'image (photographie, télévision, cinéma) ou au son (radio). De son côté le bureau de l'AIPS fonctionnera alors comme un organe d'information et de contrôle, intervenant en cas de litige. De même, s'agissant de l'organisation du service de presse, l'AIPS a-t-elle rédigé un cahier des charges en vingt-quatre points qui résument ses exigences minimales vis-à-vis des organisateurs.

Parmi ces vingt-quatre points, entrant en vigueur à compter du 1er janvier 1958, figurent notamment des questions cruciales telles que la nature des moyens de transmission mis à la disposition des journalistes, la nécessité de disposer d'une carte de presse pour être accrédité ou bien encore l'attribution des places en tribune de presse. En moins d'un an, le président Henri Schihin est donc parvenu à engager l'AIPS dans la voie d'une professionnalisation autour de laquelle elle tournait depuis plusieurs années, sans parvenir à s'y engager résolument. Avec l'adoption de ce projet, l'AIPS démontre sa capacité à analyser et à prendre fermement position sur des sujets centraux en matière d'organisation sportive. Et, parallèlement, le Congrès réuni à Knokke-le-Zout[1] adopte à l'unanimité une motion présentée par le membre soviétique de l'AIPS, Pietr Sobolev, réclamant que le CIO reconnaisse officiellement l'AIPS comme unique interlocuteur en matière de relation avec la presse. Ce thème devra encore faire l'objet d'une résolution adoptée en 1958 au cours de l'Assemblée générale organisée à Vienne. Et il faudra encore de multiples contacts entre les responsables de l'AIPS et le président du CIO, Avery Brundage,

1. À l'occasion de cette Assemblée générale de 1957, l'Espagne et la Pologne deviennent les dix-huitième et dix-neuvième membres d'une AIPS qui, parallèlement, refuse d'admettre dans ses rangs l'Union syndicale des journalistes sportifs de France (USJSF). En effet, les statuts prévoient qu'une seule association par pays peut être affiliée à l'AIPS. Or, s'agissant de la France, l'Association des journalistes sportifs est déjà membre. Aussi, les délégués présents se prononcent-ils en faveur, soit d'une fusion, soit d'un accord, entre les anciennes et nouvelles structures françaises. Ce sera fait dès 1958, la nouvelle association permettant ainsi à la France de respecter les statuts d'une AIPS dont on apprend que la cotisation annuelle pour les associations nationales passe de quatre-vingt à deux cents francs suisses.

*L'Américain Avery Brundage, président du CIO de 1952 à 1972, a reconnu l'AIPS en 1959.* (© *Collection AIPS*)

ou son conseiller, Otto Mayer pour que l'Association obtienne gain de cause. Fin 1959, le CIO reconnaît officiellement l'AIPS. Il aura donc fallu trente-cinq années pour y parvenir, même si certains signes pendant cette période laissaient clairement entrevoir une issue positive. Ainsi, la Fédération internationale de football (FIFA) avait-elle montré la voie en étant la première fédération majeure à concéder à l'AIPS le droit d'intervenir et de contrôler les installations destinées à la presse[1].

Parallèlement, tout au long de l'année 1958 et début 1959, l'association prépare le renouvellement de ses statuts. La commission spéciale chargée de cette tâche[2] remet son texte définitif le 4 mai 1959, à l'occasion de l'Assemblée générale organisée à Vienne[3]. Pas grand monde à ce Congrès, qui se déroule dans le sous-sol d'un hôtel de la capitale autrichienne. À peine une trentaine de délégués regroupés autour d'une simple table et une traduction faite par le secrétaire général Max Ehinger qui, comme la plupart des Suisses est un polyglotte accompli. Le texte est discuté et validé, charge aux congressistes réunis en mars 1960 à Naples, de le valider définitivement. En Italie, c'est Félix Lévitan qui, le jour

1. Reconnue par la FIFA et le CIO, l'AIPS le sera également par l'Association générale des fédérations internationales de sport (AGFIS) en 1992. À cette date, notre association songe à la possibilité d'installer son siège social ailleurs qu'à Budapest. Une première possibilité est d'aller en Suisse auprès des grandes fédérations et du CIO, mais l'AIPS craint d'y perdre son indépendance. Elle redoute également le coût d'une telle opération. Monaco est une autre possibilité. L'AIPS y serait en contact direct avec l'AGFIS, mais dans ce cas également le montant global de l'investissement est difficile à cerner. D'autant que dans les caisses de l'AIPS, il y a moins de 150 000 dollars : pas de quoi faire des folies ! Le Comité exécutif décide alors d'attendre. Du coup, le transfert de siège tombant aux oubliettes…

2. Composée du Néerlandais Jan Cottaar, du Suédois Sven Ekström, du Français Félix Lévitan et de l'Allemand Eugen Wagener, auxquels vient s'ajouter plus tard le Belge Antoine Herbauts.

3. Au cours de cette assemblée, le Danemark, la Hongrie, le Pérou et le Venezuela rejoignent l'AIPS, portant à vingt et un le nombre de pays membres de plein droit.

venu, dirige les débats. Il est devenu le 1er vice-président de l'Association, un nouveau poste créé lors de ces derniers changements de statuts. Après l'adoption d'un préambule « *affirmant* [l] *a volonté* [de l'AIPS] *de s'opposer à toute forme de discrimination raciale* » et le vote, par douze voix contre trois, du maintien de l'organisation d'un Congrès tous les quatre ans et du principe des Assemblées annuelles, les neuf chapitres composant les nouveaux statuts sont approuvés à l'unanimité, entrant immédiatement en vigueur[1].

Les participants se séparent après l'adoption, à l'instigation de la Suède, d'une motion concernant aussi bien les Jeux olympiques d'été de Rome que ceux prévus à Squaw Valley[2]. À cette occasion, ils « *constatent que le nombre d'accréditations réservées à la presse* [...] *ne répondent pas aux nécessités des journalistes venus du monde entier* ». En conséquence, ils réclament « *que ce nombre d'accréditations soit considérablement augmenté. Ils donnent mandat au bureau de mener à bien les négociations avec le CIO. Ils rendent*

1. À Naples, est également adopté le principe de la création d'un poste de premier vice-président, poste auquel est élu Félix Lévitan par douze voix contre sept à l'Italien Bruno Roghi.

2. Parallèlement, il faut noter qu'en cette année 1960, l'AIPS devient membre du Conseil International pour le Sport et l'Éducation Physique (CIEPS) et, l'année suivante, son trésorier Licinio Valsangiacomo est élu à son Comité exécutif. En 1963, lors d'un séminaire de l'Unesco, à Munich, l'AIPS reprend l'une des suggestions évoquées alors, celle d'un prix mondial du fair play et demande que ce prix soit décerné en concertation avec le CIEPS et l'AIPS. Le 5 décembre 1963, au Cercle interallié, à Paris, se tient la réunion consultative du Comité international provisoire d'organisation des trophées du fair play Pierre de Coubertin. L'ancien tennisman Jean Borotra en prend la présidence, les Britanniques Sir Stanley Rous (FIFA) et William Jones (FIBA) sont élus vice-présidents, tandis que notre confrère de *L'Équipe*, Jacques Ferran, qui représente l'AIPS, devient secrétaire général. L'Association est lancée, mais ce n'est qu'en 1973 qu'elle prendra son titre actuel de Comité International pour le fair play (CIFP). Bon nombre de nos camarades de l'AIPS en membres de son Comité exécutif, notamment Félix Lévitan, Fékrou Kidane, Frank Taylor et, aujourd'hui, Togay Bayatli et Alain Lunzenfichter.

*hommage à l'action vigilante de leur confrère Sabelli-Fioretti, chargé de presse aux Jeux olympiques de Rome, parvenu dans le cadre étroit des directives du CIO et en dépit de difficultés sans cesse renouvelées, à procéder avec la plus grande équité à la répartition des accréditations entre les différents pays*[1]. » L'AIPS donne de la voix. Et se fait entendre. Ainsi, en 1962, une délégation composée de membres du bureau de l'Association est-elle invitée à se rendre à Innsbruck et au Chili où doivent se tenir les Jeux olympiques d'hiver 1964 et les Championnats du monde de football pour y inspecter les installations destinées à la presse ! En 1963, une autre délégation de l'AIPS se rendra à Tokyo pour y effectuer une enquête similaire concernant, cette fois, les Jeux olympiques d'été prévus dans la capitale japonaise l'année suivante. En 1961, le Congrès se déroule à Paris alors que la France est en proie à une période troublée et la tentative de coup d'État de l'OAS en Algérie. Bon nombre de délégués de l'AIPS ont toutes les peines du monde à rallier la capitale car la plupart des aéroports français restent fermés durant plusieurs jours.

Un contexte très délicat que le secrétaire général Max Ehinger devait ensuite retracer en ces termes : « *Tiède lundi de mai, en 1961, à Paris, lorsque nous nous réunîmes dans la capitale française.*

---

1. Cette résolution fait suite à un rapport de journalistes suédois concernant l'organisation prévue pour les Jeux d'hiver en 1960 à Squaw Valley. Toutefois, cette démarche n'empêcha pas, un an plus tard, que des critiques soient émises à l'adresse du service de presse à Rome qui ne répondit pas à l'attente générale, ni à ce qui avait été originellement promis. De même en avril 1961, à Paris, le président Henri Schihin s'en prit, pour des raisons similaires, à l'organisation de la Coupe du monde de football, au Chili en 1962. Çela donne matière à longue discussion et à une résolution adoptée à l'unanimité par l'AIPS. « *L'AIPS s'étonne qu'une nation [le Chili] n'offrant pas les garanties suffisantes pour la presse internationale dans l'accomplissement de sa mission puisse être chargée d'organiser une manifestation de l'importance de la Coupe du monde de football.* » Mais, grâce à une excellente collaboration entre l'AIPS et la FIFA, les choses s'arrangèrent au Chili qui, ensuite, devint membre de l'AIPS au Congrès de Lyon en 1963.

*La crise d'Algérie approchait de son paroxysme et les événements politiques avaient mis en sourdine la belle et inoubliable capitale française. Néanmoins un excellent accueil nous fut réservé en particulier par Maurice Herzog, le haut commissaire à la Jeunesse et aux Sports, qui avait déclaré : "Le fait que vous soyez venus, Mesdames et Messieurs, non seulement nous réjouis, mais nous honore. Votre présence est, pour nous, le témoignage de votre confiance, de la sympathie que vous nous accordez en ces heures graves, de cette sympathie dont nous avons maintenant tant besoin !" Cet accueil, ainsi que la spontanéité et la chaude hospitalité de nos collègues français, magistralement dirigés par Félix Lévitan, firent revêtir à la ville de Paris, en dépit des heures sombres et de la gravité de la situation, un aspect brillant et glorieux qui se refléta au cours de nos délibérations. »*

Évoquée au cours de l'Assemblée générale de Madrid, en 1962, la question de la création de Commissions internationales consultatives spécialisées prend corps l'année suivante, à l'occasion du sommet organisé au pied levé par Lyon, après le retrait de Budapest pour cause de pressions moscovites insistantes. Leur règlement est alors élaboré, adopté et mis en application. En conséquence, plusieurs commissions voient le jour. En premier lieu celle d'athlétisme aux championnats d'Europe de Belgrade où le Néerlandais Jan Cottaar était passé dans tribune de presse du stade de l'Armée pour trouver les bonnes âmes capables de prendre en charge la défense de la profession. Au premier rang de ceux-là l'Allemand Gustav Schwenk qui était encore là à Munich, en 2002 pour fêter le quarantième anniversaire de la commission. Vinrent ensuite le cyclisme, le football, le ski ou encore l'haltérophilie dotée du même secrétaire général au XXIe siècle qu'à ses débuts : Jenö Boskovics. Aujourd'hui, ces commissions spécialisées sont près d'une trentaine et sont le trait d'union entre les fédérations internationales sportives et la Commission exécutive de l'Association Internationale de la Presse Sportive. À Madrid, l'AIPS accepte la proposition de l'Association grecque d'effectuer chaque année un référendum afin de désigner le meilleur athlète de l'année. C'est en 1965, que l'athlète australien Ron Clarke remporte le premier trophée de l'AIPS. Il faudra attendre 1973 pour voir la première féminine honorée par les journalistes. C'est la sculpturale nageuse est-allemande Kornelia Ender qui devait s'imposer. Depuis cette date, la meilleure équipe mondiale est également récompensée. En cette année post-olympique 1973, c'est l'équipe nationale d'URSS de hockey sur glace qui l'emporte. Entre-temps, les Hongrois, dans un même ordre d'idée proposent, au milieu des années soixante, de récompenser la meilleure installation de presse de l'année. Le palmarès débute en 1966 avec les championnats d'Europe d'athlétisme. Grecs et Hongrois continuent encore aujourd'hui à offrir les trophées aux vainqueurs.

En 1964, les Allemands de Munich organiseront en catastrophe, comme les Lyonnais un an plus tôt, le Congrès pour lequel l'Italie s'était un peu imprudemment avancée. On le voit, même si l'AIPS s'est efficacement structurée au cours des quinze dernières années, même si à Munich elle accueille dans ses rangs la Turquie et la Yougoslavie, portant ainsi le nombre de ses pays affiliés à trente et un, ses bases restent encore bien fragiles[1].

Au moment de procéder aux élections, le retrait de Max Ehinger pose un réel problème. Malgré l'insistance du bureau, le Suisse

1. On notera également qu'au début des années 1960, la trésorerie de l'AIPS est fragile et ne doit son équilibre qu'à la générosité de certaines de ses associations nationales. Ainsi, l'Italie, la France, l'Espagne et la RFA aident-elles l'AIPS à se maintenir à flot, tout comme l'association des journalistes sportifs du Venezuela qui reprend à sa charge le déficit de l'exercice 1963 alors équivalent à 365 euros. En 1961, il manque déjà 600 euros dans la caisse de l'AIPS dont la fortune, à cette époque, n'a jamais dépassé 6 660 euros. Il faut bien avouer qu'avec une carte de l'AIPS coûtant 2 euros, il n'est guère possible de faire des miracles. Les sommes sont tellement dérisoires que le poste de trésorier disparaît de la commission exécutive que dirige Félix Lévitan. Ce n'est qu'en 1990 qu'un trésorier reviendra aux commandes de l'AIPS.

ne souhaite pas effectuer un nouveau mandat de secrétaire général. De son côté, Félix Lévitan est candidat à la présidence, contre Henri Schihin, le président sortant. Ce dernier souhaite poursuivre avec un bureau à forte connotation suisse. Dans cette optique, il propose que le Lausannois Frédéric Schlatter devienne le nouveau secrétaire général de l'AIPS. Quant à Félix Lévitan, il est partisan, lui, d'une internationalisation du bureau et songe au Belge Antoine Herbauts pour remplacer Max Ehinger et le Hongrois Istvan Szombathy comme trésorier.

Toutes les tentatives pour rapprocher les deux points de vue échouent et on passe alors au vote. Par quinze voix contre sept à Henri Schihin et une abstention, Félix Lévitan est élu président. Le Soviétique Pietr Sobolev lui succède au poste de premier vice-président. Ce dernier avait été le chef de presse de la Conférence historique de Yalta, en février 1945, qui avait vu Churchill, Roosevelt et Staline se réunir en Crimée pour signer les premiers accords qui allaient mener à la fin de la Seconde Guerre mondiale quelques semaines plus tard. Dans la foulée, Antoine Herbauts et Istvan Szombathy sont respectivement intronisés secrétaire général et trésorier. Beau joueur, le nouveau président propose que son prédécesseur soit nommé président d'honneur et Max Ehinger membre d'honneur. Propositions adoptées par le Congrès, avant que Félix Lévitan n'indique les grandes lignes de son programme pour les quatre années à venir :

– intensifier les contacts internationaux, notamment vers les pays non européens,

– susciter la création d'associations continentales en Amérique du Sud, en Asie et en Afrique centrale,

– modifier les statuts afin de pouvoir procéder à des élections tous les deux ans,

– rationalisation de l'organisation des Congrès et leur réduction à deux jours de travail, plus une journée officielle,

– collaboration avec des spécialistes des questions de presse, à l'occasion de grandes manifestations sportives,

– lutte contre la discrimination sous toutes ses formes,

– intensification des relations avec le CIO, les fédérations et les organismes sportifs internationaux.

Quant au président sortant, Henri Schihin, il devait faire ensuite le bilan de l'action menée sous sa conduite au cours des huit dernières années. « *Nous avons mis au point les directives qui servirent pour réorganiser et faire de l'AIPS – jusque-là un "club de l'amitié" – un instrument, une communauté d'intérêts réunissant les journalistes sportifs du monde entier. Il s'agissait, à cette occasion, de prendre en considération la diversité d'opinions de chaque pays, les besoins et nécessités variant d'une discipline sportive à l'autre, ainsi que les forces et les faiblesses de nos associations nationales affiliées. En 1957 déjà, nous avions élaboré les "Directives pour le service de presse lors de manifestations sportives internationales" que nous nous efforçâmes de faire reconnaître en tant que prestations minima par les associations sportives organisant des manifestations d'envergure. Ces directives nous furent de plus en plus utiles dans nos relations avec l'extérieur.* »

« *Le premier de nos principes : conseiller et collaborer sans rétribution afin d'acquérir la reconnaissance et le droit de demander, a fait ses preuves. Nous nous sommes toujours défendus d'exercer des pressions par l'intermédiaire des puissants moyens de la presse, sur lesquelles nous ne pouvions ni ne voulions en réalité prendre d'influence directe. Nous avons constamment eu à cœur de dédaigner toute influence politique ou syndicale, afin de garder au journalisme sportif ce statut de neutralité qui évite des scissions à l'AIPS.* »

« *La FIFA fut le premier à nous concéder un droit de collaboration très étendue lors de la mise sur pied de ses championnats du monde. Diverses prises de contact entre le secrétaire général de la Coupe du monde 1958 en Suède et notre association permirent d'augmenter le*

*À l'invitation de nos amis suédois, réunion de l'exécutif à Göteborg en 1958.*
*(© Collection AIPS)*

*nombre de journalistes admis, d'inaugurer officiellement le service téléscripteur en Suède à l'occasion de la Coupe du monde, et d'agrandir notablement les câbles de transmissions entre la Suède et le reste du continent […]. Au vu des travaux préparatifs exemplaires, nous eûmes la satisfaction d'entendre de la bouche du délégué de l'Unesco chargé du planning que son travail avait été considérablement facilité par nos"Directives pour service de presse". Fort de cette expérience, notre bureau élabora un questionnaire pour organisateurs ne négligeant aucun des multiples aspects inhérents à l'organisation du reportage sportif. Pour les Jeux olympiques de Tokyo, en 1964, ce questionnaire comportait 140 points. On oublie trop souvent que les exigences des gens de presse – déjà bien différentes de pays à pays sur le plan européen – reposent sur des bases totalement différentes de continent à continent. Marc Hodler, président de la Fédération internationale de ski, s'est prêté à cette collaboration. Il a ainsi garanti à l'AIPS le droit de soumettre des propositions à l'intention du Comité et du Congrès de la FIS pour permettre à ces instances de se forger une opinion. Il s'ensuivit une collaboration avec bon nombre de fédérations internationales.* »

Durant la période 1956-1964, l'AIPS grimpa de dix-huit à vingt-six associations pour atteindre les trente et une en 1964. Durant le même temps, le nombre de membres grimpe à sept cents, puis à près de mille l'année des Jeux olympiques de Tokyo. « *Chaque pays doit, dans son rayon d'action, veiller à ce que cette carte soit reconnue. La Hollande, la Finlande, la Norvège et le Chili ont trouvé la solution idéale en considérant la carte AIPS comme unique pièce de légitimation.* » Mais Schihin constatait aussi : « *Très souvent, nos efforts sont diminués par le manque de discipline de certaines associations qui ne liquident pas les affaires courantes, par des collègues aux exigences démesurées et qui ne respectent pas les délais d'inscription, qui ne remplissent pas les questionnaires ou qui font dépendre leur critique de la réalisation de leurs revendications personnelles. Le journaliste est un individualiste qui ne se laisse guère emprisonner dans un schéma.*

*Il n'est pas né pour être un mouton de Panurge mais doit faire passer l'intérêt de la profession avant son intérêt personnel.* »

Depuis cette période l'individualisme des journalistes n'a cessé de prendre le dessus. La rivalité des titres, l'apport de l'argent, l'agressivité du journalisme du XXIe siècle a exacerbé cet état de fait. Certains, aujourd'hui, n'hésitent même plus à faire du chantage à l'information, même s'il ne s'agit, dans ce dernier cas, que d'une infime minorité. « *Pour de multiples raisons, le sport et l'activité sportive – de par leur extension et leur internationalisation sans cesse croissante dans le cadre des évolutions économiques, politiques et intellectuelles – sont appelées à prendre une place toujours plus grande, analysait encore Schihin. Le journalisme s'en trouve accru d'autant. Les colossaux investissements de l'État, des instances publiques, de l'industrie, de l'économie, des organisations sportives et aussi du journalisme sportif. Les colonnes d'information sportive ne doivent pas devenir des fissures permettant à des intérêts étrangers à la presse et au sport de s'infiltrer aisément dans une place forte de la liberté de la presse. La lutte pour la garantie de l'indépendance du journalisme sportif est devenue notre préoccupation majeure. Jusqu'à présent, les principes de base du journalisme ont précisément trouvé en nous, journalistes sportifs, leurs plus ardents défenseurs. L'AIPS doit veiller à ce que cette réputation soit préservée.* »

## L'expansion

Cette troisième phase, nous la faisons volontairement débuter en 1960. Il s'agit, en fait, de l'ère de la télévision qui fut, un temps, le troisième pilier médiatique derrière l'écrit et la radio, avant de devenir, au fil de son évolution et de ses progrès, un personnage omnipotent dans le paysage sportif. Simple moyen d'information au départ, la télévision s'est progressivement transformée en un partenaire. Un partenaire désormais incontournable. Pourtant, personne n'imaginait un tel avenir quand, en 1936 à Berlin, les Jeux olympiques furent retransmis pour la première fois. Cette diffusion avait été réalisée à titre expérimental, dans la capitale allemande et dans ses environs, avec un total de 138 heures d'images pour le bénéfice de 162 000 téléspectateurs. Trois caméras avaient été utilisées, mais une seule avait pu filmer en direct et seulement lorsque la lumière du jour le permettait. En fait, c'est aux Jeux olympiques en 1960 à Rome, lorsque la couverture télévisée devint internationale, que l'explosion médiatique se produisit. Dix-huit pays européens vécurent alors l'événement en direct, tandis que les États-Unis, le Canada et le Japon devaient attendre quelques heures de plus pour obtenir ces images.

Les progrès devaient s'accélérer à l'occasion des premiers échanges expérimentaux États-Unis-Europe, par le satellite Telstar I. Ils débutent le 11 juillet 1962, tandis que les premières transmissions d'images japonaises vers l'Europe, par Telstar II, commencent le 16 avril 1964. Juste avant les Jeux olympiques de Tokyo, à l'occasion desquels la télévision japonaise NHK propose également des ralentis sur images, mais pas encore sur des images en direct. Ce sera chose faite quatre ans plus tard, lors des Jeux à Mexico où le réseau américain, bénéficiant du développement de la télévision couleur et de la technologie par satellite, révolutionne la couverture télévisée du sport.

C'est également à cette date que la télévision, jusqu'alors simple instrument de retransmission d'images, devient l'objet de convoitise. Formidable machine à créer du spectacle et de la passion, les Jeux découvrent dans la télévision une caisse de résonance pas toujours idéale. On se souvient, en 1968, de l'irruption du problème noir américain – protestations et poings gantés – sur le podium du 200 m masculin. On se souvient également, en 1972, de la sanglante prise en otages d'athlètes israéliens par des terroristes palestiniens à Munich, mais aussi des boycotts successifs de

1976, 1980 et 1984. Sans oublier l'attentat aveugle d'Atlanta en 1996. Sur le plan strictement technologique, Munich est l'occasion d'une nouvelle avancée. Les techniciens y expérimentent une caméra aérienne dotée de nombreuses innovations techniques, comme le super ralenti. À Los Angeles, en 1984, c'est l'image multilatérale d'*ABC* qui émerveille. Si bien qu'à Barcelone, en 1992, un total de 193 pays sont arrosés par 150 chaînes de télévision qui retransmettent 2 400 heures de programmes. Ce qui représente près de 17 milliards de téléspectateurs en audience cumulée !

On s'en souvient, à Athènes, en 1896, seuls treize journalistes étaient présents pour assister aux premiers Jeux olympiques[1]. À Barcelone en 1992, ils étaient 16 073 (y compris les techniciens et le personnel de soutien) autant que les athlètes et les officiels réunis. Pour les Jeux de Lillehammer en 1994, 1 708 athlètes étaient engagés dont près de 7 000 journalistes ont couvert les exploits, approximativement quatre journalistes par athlète. Ces simples chiffres montrent bien l'impact du sport sur les médias et inversement. Depuis les Jeux de Tokyo en 1964, la télévision a décuplé sa présence dans les travées des tribunes de presse. Désormais, il est clair qu'une scission existe dans tous les sports, aux Jeux et ailleurs, entre deux sortes de presse : celle qui paie et à qui on doit tout (la télévision) et l'autre, presse écrite et radio, de plus en plus souvent perçue comme une sorte de parasite que l'on est bien obligé d'accepter.

Le rôle de la télévision est aujourd'hui de transformer petit à petit le sujet passif et extérieur à l'action que constitue un téléspectateur initialement en un acteur impliqué émotionnellement et presque personnellement. Curieusement, ce n'est pas le sport qui a été à l'origine de ce glissement redoutable, mais les images

---

1. Voir chapitre II : *Du sport à l'organisation de la presse sportive*, p. 41

de plusieurs conflits militaires, notamment celui du Vietnam, entrées de plain-pied par le biais du téléviseur dans les appartements aux États-Unis. L'Américain moyen voyait ses « boys » se battre, souffrir et parfois mourir en direct sur son petit écran. Puis, l'opération *Tempête du désert*, en février 1991, a encore changé la manière de regarder la télévision. D'un seul coup, en particulier grâce à CNN, ce même Américain moyen se retrouvait pratiquement aux commandes d'avions de chasse larguant leurs bombes guidées par laser sur des objectifs irakiens !

Une fois la voie ouverte, il en est allé de même pour les événements sportifs. Ainsi, le téléspectateur des années quatre-vingt-dix est-il devenu acteur. Quand le sprinteur américain Carl Lewis entre dans les starting-blocks, M. Tout le monde est dans le couloir voisin prêt à bondir à la conquête de la victoire, lui aussi. Quand le footballeur brésilien Ronaldo joue pour le Brésil en Coupe du monde, le téléspectateur est à ses côtés prêt à lui faire une passe. La façon de filmer l'événement a changé. Le nombre de caméras utilisées a été multiplié, comme les petits pains dans la Bible. À Berlin, en 1936, il y en avait trois. À Atlanta, soixante ans plus tard, il y en avait cinq cents. Un simple match de football retransmis en direct nécessite désormais une vingtaine de caméras, dont deux sur rails en bord de touche et une autre, aérienne, pour dominer l'aire de jeu. Sans parler des micros d'ambiance qui permettent d'être au centre des « ébats ».

Mais le phénomène ne concerne pas seulement l'athlétisme ou le football. Il en va de même pour bien d'autres sports devenus spectacles à part entière. Ainsi, les images des Grand Prix de formule 1 ont-elles été reprises par cent soixante pays au cours de la saison 1995, ce qui représente une audience cumulée de quarante-cinq milliards de téléspectateurs. Il devient ainsi possible pour le commun des mortels de se retrouver au milieu des vingt-cinq privilégiés autorisés à piloter une F1. Après la caméra fixée sur le casque du pilote, sur l'aileron arrière, on nous propose désormais des caméras dites « nose cone » placées à l'avant des voitures et donnant une impression de vitesse réelle. Voulez-vous courir le marathon de New York en restant confortablement assis dans votre fauteuil ? C'est tout à fait possible, grâce à un champion muni d'une caméra miniature qui, au milieu du peloton de tête, vous offre, comme si vous y étiez, la course des meilleurs. Et déjà, la télévision haute définition prend le relais du système actuel. À quand les images de synthèse ?

« *Même si de nos jours la télévision, en montrant l'acte sportif au lieu de le raconter, a atténué la "liberté d'imaginer" du chroniqueur,* écrivait-il y a peu Jacques Ferran, *elle n'a pas tué son envie et son besoin d'amplification et d'emphase. Comme un hommage rendu à l'expression du sport.* » L'avènement de la télévision a pourtant changé les données du reportage sportif. Par son instantanéité, qu'elle partage avec la radio, la télévision est capable de couvrir en direct les vingt-quatre fuseaux horaires. En raison de ses délais de fabrication, la presse écrite n'est plus dans cette course-là. La presse offre donc des compléments au spectacle télévisuel ou, comme le résume fort justement notre confrère espagnol Andres Merce Varela, « *La radio annonce, la télévision montre et la presse écrite explique* ».

Désormais, les journaux n'évoquent plus que de manière cursive le déroulement factuel d'une épreuve, car il a souvent déjà fait l'objet d'images diffusées sur le petit écran. La presse prend donc du recul, fait du reportage et de l'analyse pour expliquer victoire ou défaite. Mais, elle aussi, est concernée par les progrès technologiques. Ainsi, le quotidien *L'Équipe* a-t-il toujours été à la pointe du progrès et alors que l'on décrit sans cesse une presse écrite en perte de vitesse, ce journal auquel je collabore depuis bientôt trente ans a été élu, « Quotidien le plus lu de France », avec 2,7 millions de lecteurs par jour. Et cela devant tous les quotidiens d'informations générales. Est-ce par hasard s'il est parvenu à progresser de 130 000 lecteurs en l'espace d'un an ? *L'Équipe* disposait de quarante-neuf envoyés spéciaux lors des Jeux, en 1996 à Atlanta. Régulièrement, nous bouclions alors nos éditions à trois heures du matin, pratiquement à la fin des épreuves olympiques. Et le journal était pourtant dans les kiosques moins de cinq heures plus tard…

« *En maintes circonstances, la presse écrite a veillé au respect de la morale sportive. Mais cette vigilance n'aurait pas suffi à maintenir sa prééminence morale, par rapport aux autres médias, si elle n'avait pas su évoluer et modifier ses méthodes de fabrication et de diffusion,* assure Robert Parienté, ancien directeur de *L'Équipe*. *En même temps, la presse sportive s'efforçait à maintenir sa vocation originelle en mettant en valeur les disciplines illustrant le mieux la légende olympique. Elle était, et elle est toujours, de surcroît, le seul média à continuer à se préoccuper, pendant le laps de temps d'une olympiade, de l'évolution des problèmes, des réformes, voire des carences du mouvement olympique. La télévision ne propose son antenne qu'en échange d'une audience élevée, découlant de la compétition et d'un budget justifié par le taux d'écoute. La presse écrite et les agences sont les seuls témoins permanents, alimentant une réflexion sur l'éthique sportive que l'on a tendance à ignorer entre deux rendez-vous olympiques*[1]. » Une analyse partagée par l'Australien Kevan Gosper, président de la Commission de presse du CIO : « *La télévision fait le spectacle, mais c'est la presse écrite qui, durant quatre ans, entretient la flamme olympique.* »

La fusion numérique de l'image, de l'animation, du texte et du son, la capacité à transporter en tous lieux, vingt-quatre heures sur vingt-quatre, en temps réel, des milliards d'informations, en fait toute la connaissance humaine, aura nécessairement un impact égal à celui de l'invention de l'imprimerie par Gutenberg. Internet va révolutionner les médias. Devant ce déferlement technolo-

1. Parienté, Robert, *Pour un humanisme du sport*, Paris.

gique, la presse écrite va progresser à pas de géant et informer autrement. Dans sa confrontation avec les médias électroniques, elle n'a d'ailleurs pas d'autre choix que d'utiliser le progrès. C'est donc grâce à sa qualité éditoriale, son souci de l'éthique et sa volonté de s'adapter aux besoins des nouveaux lecteurs que la presse écrite se maintiendra.

*À Paris, en 1984, lors du Congrès du soixantième anniversaire, quatre figures de l'AIPS se rencontrent : Frank Taylor (GBR), Istvan Szombathy (HUN), Félix Lévitan (FRA) et Antoine Herbauts (BEL).* (© *Collection AIPS*)

*Chapitre IV*

# Reconnaissance

## Félix, le charismatique

Parfois, les Dieux semblent retenir leur souffle, hésiter, balancer, comme en proie à un doute affreux. Faut-il précipiter la vie de ce simple mortel vers le fond de l'abîme ou la propulser jusqu'aux cimes ? Ainsi, la riche et brillante carrière de Félix Lévitan n'a-t-elle, plusieurs fois, tenu qu'à un fil. Celui du téléphone tout d'abord. Ce fils d'un artisan cordonnier parisien aurait-il pu devenir aujourd'hui – époque où règnent les liaisons satellitaires et les ordinateurs portables – le chef du puissant service des sports du *Parisien libéré*, mais aussi l'un des patrons emblématiques du Tour de France cycliste, le président fondateur de l'*USJSF* et, neuf années durant, la figure de proue de l'*AIPS* ? Pas sûr.

Car, tout commence pour le futur patron mondial des journalistes sportifs par un emploi de… petit téléphoniste. Nous sommes alors en 1926, le jeune Félix a tout juste 17 ans. Il vient de quitter le lycée et pour approcher le monde du sport et notamment celui du cyclisme, il a souhaité accompagner Martinet, le rédacteur de l'agence Fournier, grande rivale de *Havas* (la future *Agence France-Presse*). Sa tâche : dicter par téléphone aux sténos de presse les comptes rendus du journaliste qui écume alors les vélodromes parisiens. Il côtoie ainsi les reporters sportifs en vogue alors, tels

Marcel Gentis ou Claude Tillet. Démarche précieuse pour qui entend se constituer un carnet d'adresses. Mais, surtout, à force de dicter, de scander, de marteler les textes des autres, le garçon apprend la technique de l'écriture journalistique par imprégnation.

D'ailleurs, son premier article ne tarde pas. Le 15 février 1928, après deux années d'initiation, une contribution du « p'tit Félix » intitulée « *Vouloir, c'est pouvoir* » paraît dans le numéro 230 de la revue cycliste *La Pédale*. Rapidement, les relations nouées, au bord des vélodromes, avec les ténors de la profession, portent leurs fruits. Dans les années trente, Lévitan entre au quotidien *L'Écho des Sports*, concurrent direct de *L'Auto* (l'ancêtre de *L'Équipe*). En ces temps-là, le poumon artistique et sportif de Paris se situait rue du Faubourg Montmartre. Souvent, les réputations s'y faisaient et s'y défaisaient au cours de conversations, parfois enflammées, entre dirigeants et champions, mais également vedettes du cinéma. Or, *L'Écho des Sports* y est installé à quelques encablures de… *L'Auto*. L'apprenti journaliste voit ainsi défiler le boxeur Georges Carpentier et le chanteur Maurice Chevalier, mais aussi la meneuse de revue Mistinguett ou bien encore Henri Decoin, alors chroniqueur de boxe à *L'Auto* et fort réputé.

Dans ce tourbillon permanent, l'opiniâtre Félix saisit sa chance et avance résolument ses pions. Or justement, il veut à présent rejoindre la prestigieuse rédaction de *L'Auto* alors dirigé par Henri Desgrange, le créateur du Tour de France, et – rêve suprême – intégrer la rubrique cycliste. C'est chose faite peu après. À cette époque, il croise pour la première fois dans les couloirs du journal, un jeune rédacteur en chef auquel son destin professionnel sera étroitement lié quelques années plus tard : Jacques Goddet. Mais si faire partie des signatures de *L'Auto* est une promotion très flatteuse en termes de notoriété, cela n'induit pas de changements financiers de nature à impressionner un inspecteur des impôts. En clair, Henri Desgrange est assurément un visionnaire sur le plan rédactionnel, mais il sait aussi se montrer myope et sourd s'agissant du salaire de ses rédacteurs. Et comme ses troupes éprouvent souvent des difficultés à joindre les deux bouts, le patron évite de se montrer trop regardant sur les double ou triple collaborations de ses meilleures plumes. Le phénomène n'est d'ailleurs pas propre à la rédaction de *L'Auto*.

Ambitieux, mais aussi travailleur acharné, Félix Lévitan devient donc alors, comme nombre de ses confrères, un cumulard. Travaillant le matin à *L'Intran* (le prédécesseur de *France-Soir*) et le soir à *L'Auto*, journal du matin, il se livre quotidiennement à un travail d'équilibriste pour éviter que ses deux activités se percutent. Malgré toutes ses précautions, il ne peut pourtant éviter le faux pas. Le « clash » intervient à l'occasion du Tour de France 1933. Comme en 1932, il s'était mis provisoirement en congé de *L'Intran* afin de se consacrer totalement à sa couverture pour *L'Auto* du Tour d'Italie cycliste, Lévitan effectue la démarche inverse l'année suivante à l'occasion du Tour de France. Mais arrivé au pied du Galibier, Henri Desgrange l'interpelle et lui ordonne de mesurer l'écart séparant au pied du col l'échappé Vicente Truba du reste du peloton, oubliant ainsi que son salarié est, en cette occasion, reporter exclusif pour *L'Intran*. Lévitan refuse, arguant du fait qu'il doit téléphoner à *L'Intran* les temps de passages en haut du col et ne peut donc rester bloquer en bas. Or, Desgrange n'est pas homme à accepter un tel refus d'obtempérer. Dès l'arrivée du Tour, Lévitan est licencié de *L'Auto*, sans indemnités. Une riche et brillante carrière ne tient parfois qu'à un fil. Et cette fois, le fil est rompu !

Oui, mais pas pour très longtemps. Car, à peine Félix Lévitan est-il sanctionné par *L'Auto* que Louis Dreyfus, le directeur de *L'Intran*, le dédommage en multipliant son salaire par deux ! Parallèlement, il fait ses premiers pas de journaliste radio, commentant à partir de 1935 le Tour de France. Au grand dam d'un certain…

Henri Desgrange. Pourtant, les aléas et les chicanes de la profession ne sont rien à côté des épreuves que lui réserve la Deuxième Guerre mondiale et l'Occupation allemande en France.

Engagé dans un régiment d'artillerie, il combat en Alsace. Au moment où ses camarades et lui-même sont sur le point d'être faits prisonniers, il parvient à s'enfuir de justesse. Une fuite assurément salutaire, car si tomber aux mains des nazis allemands n'était pas un sort enviable, cela l'était encore moins quand on était juif… Il revient alors clandestinement à Paris et se livre à des activités de propagande gaulliste avant d'être arrêté après avoir été dénoncé comme juif. Incarcéré à Paris, puis à Dijon, il s'attend à tout moment à être déporté. Les jours et les semaines passent ainsi, sur le fil du rasoir. Le destin semble hésiter. Quand un jour, il reçoit la visite de son épouse, Geneviève. Réagissant à son arrestation, elle s'est immédiatement démenée auprès de relations pour pouvoir lui apporter… un bon de sortie. Il en profite pour s'enfuir une nouvelle fois et passer en zone libre.

Réfugié en Haute-Vienne, il se met alors à la disposition de la Résistance et parvient finalement à sortir indemne de ce maelström, malgré les risques. Reprenant la plume, il s'exprime alors dans la presse communiste et écrit pour *Action*, principale revue de gauche à l'époque. Les fils sont une nouvelle fois renoués. Rapidement, ensuite, il entre au *Parisien Libéré* où son expérience professionnelle lui permet de restructurer le service des sports et d'en devenir le chef. Mais Félix Lévitan n'est pas seulement un professionnel aguerri et respecté, il est aussi un militant de l'information sportive. Et c'est à ce titre qu'il met alors toutes ses forces et son talent dans la création de l'*USJSF*, démarche militante qui le conduira ensuite à la relance de l'*AIPS*.

Mais quelles raisons pouvaient bien pousser Félix Lévitan à briguer, en ce 15 mai 1964, la présidence de l'AIPS ? Dès sa prise de pouvoir, il lève le voile en détaillant ses intentions, en formulant la profession de foi suivante :

*« La place sans cesse plus importante qu'occupe le sport dans la vie des peuples et le devoir qui nous est, en conséquence, imposé de toujours mieux informer les lecteurs de nos journaux et les auditeurs de nos stations de radio et de télévision, font obligation à nos associations nationales d'une part, à l'AIPS, d'autre part, de parfaire l'organisation de notre magnifique profession.*

*Les temps sont révolus où les journalistes se fiaient à leur sens de l'improvisation, à leur flair, pour mener à bien leurs reportages. Nous sommes désormais trop nombreux et nos exigences ont pris trop d'ampleur pour que nous ne nous soumettions pas à de strictes règles d'organisation. Si l'AIPS n'existait pas depuis longtemps, ce serait notre honneur que de la créer.*

*Ce doit être le nôtre que de contribuer à son rayonnement et, au besoin, à sa transformation en un instrument puissant, unanimement reconnu et apprécié des pouvoirs publics du monde entier et des fédérations sportives nationales et internationales.*

*La rapidité sans cesse croissante des moyens de transports* [...] *en supprimant l'obstacle des distances, nous fait, au surplus, l'obligation d'entretenir des contacts désormais étroits avec ceux de nos confrères lointains qui supposaient n'avoir que peu d'occasions de nous rendre visite et en avoir moins encore de nous recevoir.*

*Ainsi apparaît tracée la voie dans laquelle l'AIPS doit s'engager : celle d'un rapprochement accéléré et d'une collaboration étroite avec des journalistes de sport de tous les points du globe, où ils se trouvent et quelles que soient leurs habitudes, leurs aspirations... voire leurs négligences. »*

Sa première Assemblée générale, en qualité de patron de l'AIPS, devait se tenir à Budapest, du 27 au 29 avril 1965. Pour la première fois de son existence, l'Association se réunissait dans une ville appartenant au Bloc de l'Est[1]. Un symbole pour celui qui souhaitait justement intensifier les contacts internationaux. Pays clé au sein du dispositif de l'AIPS, la Hongrie concrétisait ainsi le résultat de son investissement de longue date dans l'Association. En 1992, Budapest deviendra le siège du secrétariat général, avant d'être aujourd'hui le poumon du dispositif administratif de l'AIPS. Parallèlement, après un long passage dans les rangs de l'AIPS, des Hongrois, comme Istvan Gyulai, iront porter « la bonne parole » dans des institutions majeures du monde sportif. Après avoir été secrétaire général adjoint, puis secrétaire général de l'AIPS, Gyulai devait en effet devenir secrétaire général de la Fédération internationale d'athlétisme (IAAF).

Rapidement commencent à se mettre en place les premières initiatives. Ainsi, le rôle des délégués chargés de superviser les Jeux olympiques et les rendez-vous majeurs du calendrier, est-il précisé pour être finalement adopté à l'unanimité lors de l'Assemblée générale organisée à Berlin en 1967. Quant à la politique d'élargissement de l'audience de l'AIPS vers d'autres continents – Amérique latine et du Sud, Asie et Afrique – elle trouve un début de réalisation à travers la mise en place progressive de sessions continentales. Ainsi, en 1968 à Bucarest, la session continentale d'Amérique latine obtient-elle une reconnaissance officielle puisque son président, le Mexicain Salvador Gonzalez Ruz, entre alors au Comité directeur de l'AIPS en qualité de vice-président pour l'Amérique latine. Deux ans plus tard, le Zaïrois Lucien Tshimpumpu deviendra vice-président pour le continent africain. Quant à l'Asie, elle aussi intégrera les instances dirigeantes de l'AIPS, mais six ans plus tard avec la nomination du Japonais Robert Tsyushi Miyakawa.

1. Berlin-Est (RDA), Bucarest (Roumanie), Bratislava (Tchécoslovaquie, aujourd'hui Slovaquie) et Dubrovnik (Yougoslavie, aujourd'hui Croatie) suivront, respectivement en 1967, 1968, 1969 et 1970.

*Ambiance décontractée pour Félix Lévitan, le ministre Roger Bannister, premier homme à moins de quatre minutes au mile, Stig Häggblom et Frank Taylor. (© Collection AIPS)*

Dans la foulée, il est décidé à Bucarest que les élections se dérouleront désormais l'année suivant la tenue des Jeux olympiques.

Cinq mois plus tard, la tenue des Jeux olympiques à Mexico offre à Antoine Herbauts l'occasion d'inaugurer la fonction de délégué et observateur de l'AIPS récemment créée. S'efforçant alors de solutionner dans l'urgence les soucis de dernière minute, tels que les épineux problèmes d'accréditation, il mesure pleinement l'utilité de cette tâche. En préparation des Jeux suivants, les délégués du Congrès de Munich, visitant les locaux destinés au Village des médias, auront la possibilité de constater les progrès faits, sous l'impulsion de l'AIPS, en matière de prise en compte des besoins de la presse. L'austérité de Rome ou des installations de type militaire de Tokyo sont alors définitivement oubliées. Signalons à titre d'anecdote que l'une des hôtesses présentes au Congrès de Munich, puis quatorze mois plus tard aux Jeux, deviendra en 1974 la reine Silvia de Suède ! L'année précédente à Dubrovnik, en Yougoslavie, les organisateurs offrirent le drapeau de l'AIPS que nous utilisons encore aujourd'hui.

Le Congrès de 1973 débute le 30 avril à Londres, en présence notamment du président du CIO, Lord Killanin[1]. Des délégués venus de quarante-sept pays ont fait le déplacement. Tous ne le savent pas encore, mais il va s'agir de désigner un successeur à Félix Lévitan, après neuf années passées à la tête de l'AIPS. Ses objectifs étant atteints, le Français s'en va et avec lui une partie de son équipe dirigeante. Seul candidat à sa succession : Frank Taylor. Le Britannique devient donc le cinquième président de l'AIPS,

1. Avant de devenir président du CIO, le Britannique Lord Killanin avait été dans sa jeunesse journaliste sportif et avait réalisé des reportages pour la télévision. Son intérêt et sa bienveillance pour l'AIPS se sont notamment traduits par une vraie volonté de collaborer avec l'association. Plus tard, l'Espagnol Juan-Antonio Samaranch deviendra, à son tour, le patron de l'olympisme mondial. Lui aussi aura à cœur de maintenir d'excellentes relations de coopération avec l'AIPS.

après Frantz Reichel (1924-1932), Victor Boin (1932-1956), Henri Schihin (1956-1964) et Félix Lévitan (1964-1973).

À Londres s'achève donc la cinquième étape de l'histoire de l'AIPS, une étape haute en couleur comme on pouvait s'y attendre de la part de l'un des principaux organisateurs du Tour de France. Car, sous sa conduite, l'organisation a poursuivi et même accéléré son développement. Désormais soixante-sept pays y sont affiliés. Ils n'étaient que trente et un à son arrivée. Mais, surtout, l'AIPS est désormais présente un peu partout dans le monde : en Amérique, en Asie, en Afrique et non plus uniquement en Europe. Elle est respectée, écoutée et pèse dans les décisions des organismes sportifs internationaux. Sous son impulsion, les conditions de travail de la presse sportive se sont spectaculairement améliorées, le tout sous le contrôle des délégués et observateurs de l'AIPS.

## L'ère du petit géant

Il faut pourtant attendre son cinquante-deuxième anniversaire pour la voir quitter symboliquement le continent européen. Organisée du 14 au 18 avril 1976 à Mexico, ce Congrès « délocalisé » est politiquement significatif à double titre. D'abord, par l'ouverture au Nouveau Monde qu'il symbolise ainsi et par le clin d'œil qu'il adresse aux instances dirigeantes du CIO, Mexico ayant accueilli les Jeux olympiques en 1968. Difficile de ne pas percevoir les aspirations universalistes que l'AIPS entend servir. Pourtant, ce beau symbole faillit bien ne jamais exister. En effet, tous les délégués européens disposaient de visas pour entrer sur le territoire mexicain, hormis ceux venus des pays de l'Est. À ces derniers, il avait été promis qu'ils obtiendraient le précieux sésame dès leur arrivée à l'aéroport international de Mexico.

Mais au moment d'embarquer à bord de l'avion : changement de ton. Les autorités mexicaines n'entendent pas laisser partir des gens ne disposant pas de visa d'entrée. Situation bloquée à laquelle l'AIPS devait répondre par une solidarité sans faille. En substance : puisque certains n'étaient pas autorisés à se rendre à Mexico, aucun délégué ne se rendrait dans la capitale et le Congrès prévu ne pourrait avoir lieu, faute de participants ! Un Congrès à l'ouverture duquel devait assister Luis Echeverria, le président de la République mexicaine en personne. Face à une attitude d'une telle fermeté, les autorités mexicaines devaient bien vite revoir leur position. Mais, encore fallait-il pour obtenir ce résultat constituer un véritable pouvoir, internationalement reconnu.

En marge de ce Congrès, les délégués de l'AIPS furent même reçu dans la résidence personnelle de Mario Vasquez Rana, vice-président de la Commission pour la Solidarité olympique du CIO, avant de prendre l'avion en direction de Montréal pour y superviser les installations en prévision des Jeux olympiques dont le coup d'envoi était prévu trois mois plus tard. Pourtant, malgré cette démonstration de l'importance internationale de l'AIPS, son président, Frank Taylor, allait devoir rapidement céder la place. À l'occasion du Congrès de Milano-Maritima, les 8 et 9 février 1977, il se retrouvait largement devancé par l'Italien Enrico Crespi (37 voix contre 8, au second tour) qui « jouait à la maison. » Ce Congrès posa quelques problèmes aux délégués étrangers puisque plusieurs d'entre eux arrivèrent à Milan bien loin des bases du 41e Congrès qui se déroulait dans une petite ville touristique de l'Adriatique. Un journaliste africain alla même jusqu'à prendre un taxi pour se rendre de Milan à Milano-Maritima au grand dam de Massimo Della Pergola l'organisateur. L'histoire ne dit pas qui a payé le taxi, mais il est certain que l'affaire se régla à « l'italienne. » Parallèlement, à l'organisation du Congrès transalpin une Union européenne de la presse sportive (UEPS) devait alors se mettre en place qui devait ensuite se transformer en section continentale, à l'image de ce qui existait déjà pour l'Amérique latine, l'Asie ou l'Afrique. Une Union européenne présidée par… Frank Taylor, ce qui devait lui permettre de rester membre du Comité directeur de l'AIPS en qualité de vice-président pour l'Europe. Il était secondé par sa compatriote Pat Besford qui allait occuper le poste de secrétaire général. Massimo Della Pergola était vraiment le secrétaire général qu'il fallait à l'AIPS qui, depuis sa création, « naviguait » de pays en pays au gré des élections de ses secrétaires généraux. Ce qui n'est sans doute pas le meilleur moyen de sauvegarder les archives d'une association comme la nôtre. Della Pergola un des inventeurs du fameux « Totocalcio », un jeu copié aujourd'hui pratiquement partout dans le monde, allait donner à l'AIPS une assise et des structures qu'elle n'avait encore jamais eues jusqu'ici. Basé à Milan, l'AIPS avait enfin un toit et un secrétariat.

À l'occasion du Congrès de Moscou, en mai 1979, le nouveau président Enrico Crespi enregistre un succès diplomatique de taille avec l'affiliation à l'AIPS de la Chine et des États-Unis, soit deux des pays les plus peuplés au monde. Deux nouveaux venus admis par acclamation, en contradiction complète avec les statuts de l'association qui exigent un vote des délégués en pareil cas ! À l'occasion de ce Congrès, le coup d'envoi d'un important toilettage de ces statuts datant de 1960 est d'ailleurs donné. Parallèlement, l'admission de l'Australie, acquise à l'unanimité, permet désormais à l'AIPS d'être représentée sur cinq continents.

En marge du Congrès de Moscou, outre les messages de soutien d'officiels soviétiques de haut rang, comme celui du président du Conseil des ministres Alexeï Kossyguine, on note la présence – importante pour la suite – de l'ambassadeur d'Espagne à Moscou, un dénommé Juan Antonio Samaranch, également président de la Commission de la presse du CIO. Celui qui, l'année suivante dans cette même ville de Moscou, deviendra président du CIO organise même une réception en l'honneur des délégués de l'AIPS à la résidence d'Espagne. Juan Antonio Samaranch sera nommé membre d'honneur de l'AIPS en 1981. Cinq ans plus tard, le président du CIO déclarera même à l'occasion d'un Congrès de l'AIPS organisé à Barcelone : « *Personnellement, j'ai toujours pensé que la presse – c'est-à-dire la presse écrite, la radio et la télévision – font partie de la famille olympique.* » Pour autant, toutes ces avancées symboliques ne permettent pas à Enrico Crespi de prolonger son mandat à la tête de l'AIPS. Il faut bien avouer que tout le travail est abattu par le secrétaire général Massimo Della Pergola et son adjoint le Hongrois Istvan Gyulai et la sanction est immédiate. En avril 1981, à São Paulo, le Britannique Frank Taylor retrouve le fauteuil présidentiel qu'il avait perdu quatre ans plus tôt. Il démissionne aussitôt de son poste de président de l'Union européenne (UEPS), l'intérim, durant un an, est assuré par le Polonais Edward Wozniak.

Les centimètres ne font rien à l'affaire. En dépit de sa petite taille, personne ne conteste aujourd'hui à Frank Taylor sa stature de géant du journalisme sportif international. Son décès des suites d'un cancer, le 18 juillet 2002, alors qu'il était âgé de 81 ans, a ainsi été l'occasion d'une véritable avalanche de messages de condoléances et de sympathie venue du monde entier. Car, depuis longtemps celui qui, seize années durant, devait présider aux destinées de l'AIPS, était devenu une légende indissolublement liée à celle du Manchester United, le club de football anglais. Pendant près d'un demi-siècle, Frank Taylor a donc servi le journalisme sportif après avoir effectué ses débuts en 1937. Pourtant, quel qu'ait été son talent de plume, c'est d'abord en raison d'un accident dramatique dont il avait été la victime qu'il avait marqué les mémoires.

Collaborateur du *News Chronicle*, le futur patron des journalistes sportifs mondiaux était à bord de l'avion qui, le 6 février 1958, ramenait au pays l'équipe de Manchester United, après son match nul en Coupe d'Europe face à l'Étoile rouge de Belgrade (3-3). Peu

*La bonne humeur règne à Vienne lors de l'Assemblée générale, en 1959.* (© Collection AIPS)

*Le Comité exécutif réélu en 1952, à Helsinki. Au premier rang les Belges Victor Boin et Antoine Herbauts. Au second rang :* William McGowran, *Émile Goebel, Paul Brewitz, Henri Schihin et Bruno Roghi.* (© Collection AIPS)

après avoir décollé de Munich où il avait fait le plein de kérosène, leur avion devait s'écraser au sol. Dans l'accident, huit des joueurs devaient trouver la mort, ainsi que la quasi-totalité des reporters venus couvrir le match et voyageant en compagnie de l'équipe. Tous sauf un : Frank Taylor. Ses lecteurs d'alors se souviennent encore de son récit relatant ses efforts et ceux des joueurs blessés pour survivre. Après cinq longs mois d'hospitalisation à Munich, Frank Taylor devait pourtant reprendre ses activités professionnelles de plus belle.

Il devait même ajouter une corde à son arc, décidant alors de s'impliquer dans la vie de l'Association des journalistes sportifs britanniques. De 1967 à 1973, il devint l'un de ses dirigeants, la présidant même deux années durant. Sa large vision des problèmes de la presse née de ses multiples reportages à l'étranger devait ensuite lui permettre d'intégrer l'AIPS dont, on l'a vu, il accéda à la présidence, une première fois, en 1973. À l'occasion de ce premier mandat de quatre ans, Taylor avait pu mesurer combien l'Europe souffrait d'un manque de représentativité en comparaison avec les autres continents. Aussi, en compagnie d'autres collègues comme l'Autrichien Kurt Srimz, le Grec Elie Sporidis, le Français Maurice Vidal et le Polonais Edward Wosniak, il eut l'idée de créer, en 1977, une structure européenne, l'UEPS dont il devait devenir le premier président. « *Je me rappelle,* précisait à l'époque Frank Taylor, *que le plus grand débat que nous n'ayons jamais eu au sein de l'entité européenne fut de savoir comment nous devions nommer notre association. Devions nous l'appeler "Union of European Sports Writers" ou, selon la traduction française, "Union Européenne de la Presse Sportive." Heureusement, nous avons pris la seconde solution plus facile à assimiler.* »

Sa réputation internationale devait d'ailleurs se révéler un atout précieux pour l'AIPS, lui permettant de traiter d'égal à égal avec les personnages les plus puissants du monde du sport. Il devait ainsi tisser des liens très étroits avec de nombreux dirigeants du CIO et de la FIFA. Ses prédécesseurs à la tête de l'AIPS avaient construit les fondations de l'édifice, mais Frank Taylor devait ensuite lui donner un rayonnement qu'elle n'avait jamais connu alors. Sa philosophie reposait, en fait, sur une idée simple, mais pas évidente à faire vivre : le sport ne trouve sa pleine signification que s'il parvient à rapprocher les hommes indépendamment de leur race ou religion.

Excellent orateur et doté d'un solide sens de l'humour, il n'avait pas son pareil pour enthousiasmer un auditoire. Pourtant, semble-t-il, rien ne le préparait à un tel destin. Fils aîné d'un ingénieur maritime de Barrow-in-Furness, dans le nord de l'Angleterre, il fut pourtant saisi très tôt par le virus de la presse. Après des études à Barrow, il commença, avec son frère Don, à collaborer à l'hebdomadaire local, *Barrow Guardian*. Il était alors tout juste âgé de 16 ans. La Deuxième Guerre mondiale devait pourtant le contraindre à ranger provisoirement sa plume, pour rejoindre l'armée de l'air britannique dans les rangs de laquelle il servit notamment en Égypte. Il parvint alors à conserver une petite place à son amour du sport et du journalisme, rédigeant le journal de son régiment.

Mais Frank Taylor n'était pas seulement un écrivain du sport. Il était également l'un de ses pratiquants, remportant même, sur 100 et 200 m, le championnat des forces armées basées au Moyen-Orient et obtenant même sa sélection pour les Jeux olympiques organisés à Londres en 1948. Seule la maladie l'empêchera d'y participer.

Après la guerre, il rejoingnit les rangs du *North-West Evening Mail*, puis du *Sheffield Telegraph*. En 1950, il fit son entrée au *News Chronicle* dont il prit la direction du service des sports trois ans plus tard. C'est dans ce cadre qu'il vécut la tragédie de l'équipe de football de Manchester United. Une tragédie décrite dans son livre publié en 1960 : *Le jour où mourut une équipe*. S'installant à l'avant de l'appareil, sa place à l'arrière étant trop inconfortable, il remarqua qu'après deux décollages ratés et alors que l'avion effectuait une troisième tentative, il perdait rapidement de la vitesse. « *C'est à ce moment que l'appareil est sorti de la piste par la droite, quittant le tarmac pour l'herbe*, écrit-il. *J'ai alors reçu un coup terrible derrière l'oreille gauche, avant de commencer à perdre conscience. Pourtant, dans l'état semi-conscient qui était le mien, j'ai entendu une horrible explosion. J'ai alors vu une roue provenant du train d'atterrissage s'écraser sur le fuselage. Il y eut alors un énorme bruit, comme si un géant martelait la carcasse de l'appareil juste à côté de ma tête. Fort heureusement, c'est à ce moment que mes yeux se sont fermés.* »

Frank Taylor fut considéré mort pendant plusieurs heures. Sa nécrologie parut même dans la première édition du *News Chronicle*, avant d'être finalement démentie. Pourtant, victime de blessures graves, ses médecins ne lui donnaient qu'une chance sur deux de survivre. « *Je me suis réveillé avec une mobilité du bras gauche réduite de moitié, une jambe droite plus courte que l'autre et une cheville droite bloquée.* » Profitant de son séjour à l'hôpital (il sera d'ailleurs le dernier blessé de ce vol à le quitter), il noua une solide amitié avec Matt Busby, le manager de Manchester soigné dans le lit à côté du sien. Une fois rentrée en Grande-Bretagne, il lui faudra deux ans pour parvenir à marcher de nouveau normalement. Plus tard, une fois l'horreur passée et malgré une claudication qui le suivra jusqu'à la fin de ses jours, son naturel joyeux reprendra le dessus, allant même jusqu'à plaisanter : « *C'était le plus grand événement sportif de tous les temps et j'ai été incapable de le raconter, car je dormais comme un bébé !* »

Il ne reprit ses fonctions au journal qu'en 1959, une année noire à tous points de vue. En effet, quelques mois plus tard, le *News Chronicle* fut contraint de fermer ses portes. Il intégra la rédaction du *Daily Herald*, juste à temps pour pouvoir couvrir les Jeux olympiques de 1964 à Tokyo. Quelques années plus tard, il entra au

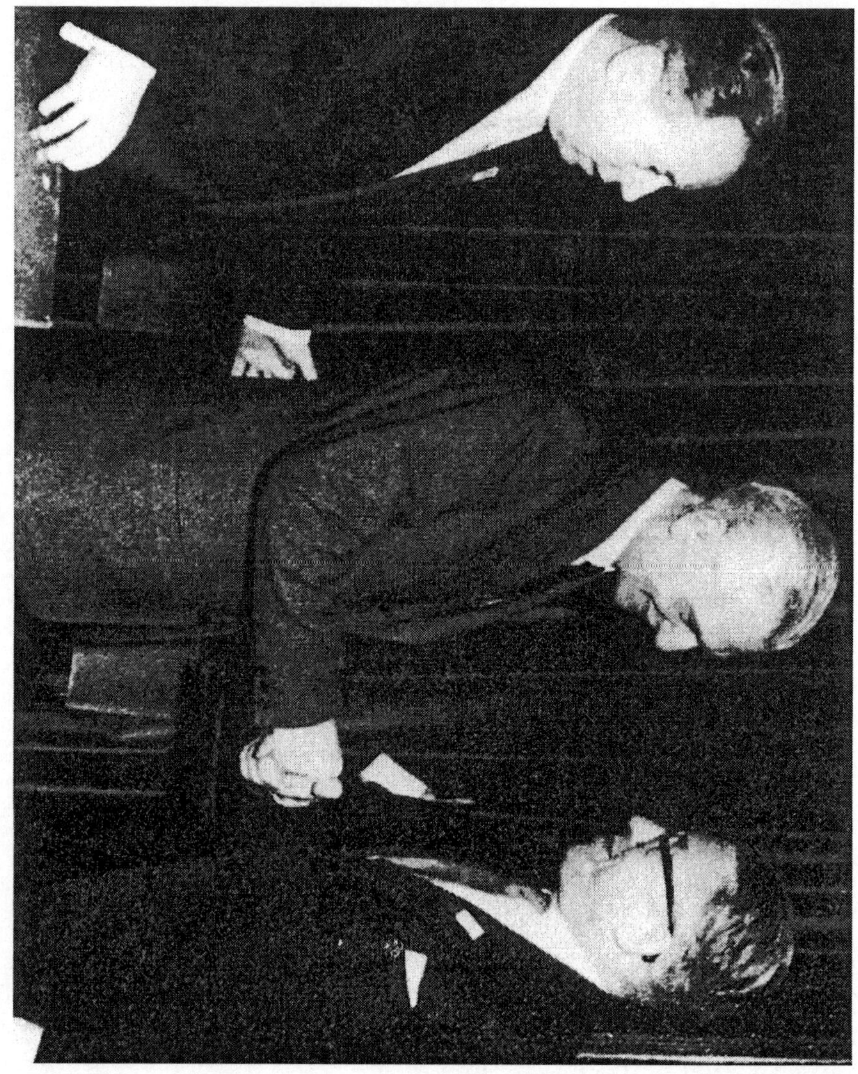

*Le délégué national pour le sport espagnol, José Antonio Elola félicite le président de l'AIPS Henri Schihin lors de l'Assemblée de Madrid en 1962.* (© Collection AIPS)

*Daily Mirror*, après un passage par le *Sun*. Il fut alors chargé de rédiger une chronique sportive quotidienne. Ce fut un succès immédiat qui ne devait pas se démentir jusqu'à son départ à la retraite, en 1985. Tout au long de sa carrière, Frank Taylor a couvert chaque édition des Jeux olympiques de 1960 à 1992, mais également dix finales de Coupe du monde de football. Enfin, il a publié un total de huit ouvrages. En récompense de ses mérites, il a été décoré, en 1978, de l'Ordre de l'Empire britannique. Marié à Peggy, il fut également père de deux garçons, Andrew et Alistair, tous deux journalistes.

En 1982, le Congrès a lieu pour la première fois à Athènes. La ville de la renaissance des Jeux est le cadre de plusieurs passages de témoins. En premier lieu Frank Taylor, président de l'AIPS quitte donc les commandes de l'UEPS au profit du Grec Elie Sporidis qui restera à la tête de l'Union européenne de la presse sportive jusqu'en 1994. Le 46e Congrès enregistre également l'arrivée de Maurice Vidal au poste de 1er vice-président. Homme de conviction, il était sans doute le seul à connaître par cœur les statuts de l'AIPS ! Le Français accède à ce poste en raison du décès subit du Soviétique Nikolaï Kisselev. À la suite de l'élection de Sporidis, imitant les initiatives de l'AIPS dans le domaine de la formation, l'UEPS met en place en 1986 un séminaire à Olympie afin de mieux faire connaître aux jeunes journalistes l'histoire et les fondements des Jeux olympiques. Destinés à une quarantaine d'élèves, les cours dispensées par l'Académie internationale olympique (AIO) se perpétuèrent une dizaine d'années, avant de cesser en raison du départ d'Elie Sporidis de l'UEPS mais aussi du manque de volonté de l'AIO de les continuer.

Suit une longue série de Comités directeurs et de réunions de bureau essentiellement consacrés à des questions techniques desquels aucune avancée réelle n'émerge. En fait, jusqu'au Congrès parisien, célébré en mai 1984 à la Sorbonne, l'histoire de l'AIPS traverse une parenthèse. À l'occasion des festivités liées à son soixantième anniversaire organisées à Paris, l'AIPS révèle qu'à la date du 1er novembre 1984, six mille soixante-dix journalistes dans le monde possèdent une carte de l'AIPS. On devait aussi apprendre, l'année suivante, que les festivités et le congrès du Soixantenaire avaient généré un déficit équivalent à près de plus de 38 000 euros !

De son côté, le CIO a longtemps connu, lui aussi, les affres de la calculette. Les hommes ayant succédé à Pierre de Coubertin à la tête de l'entité lausannoise ont tous marqué de leur empreinte la montée en puissance des Jeux. Mais si les problèmes politiques et l'ostracisme opposé aux sportifs professionnels furent le lot de l'Américain Avery Brundage, son successeur l'Irlandais Lord Killanin devait découvrir, lui, le sens du mot « commercialisation » et l'Espagnol Juan Antonio Samaranch, faire entrer ensuite l'institution dans une période de grande prospérité.

Lord Killanin amorce, dans les années 1970, un tournant décisif pour le mouvement olympique. C'est la période où les médias commencent à s'intéresser aux Jeux olympiques, la période où le poids économique du sport commence à prendre du sens. En arrivant aux affaires en 1980, Juan Antonio Samaranch souhaite étendre le champ d'action du CIO et son importance. Le nombre des comités olympiques nationaux commence à se multiplier. D'autant que la solidarité olympique permet la participation d'une demi-douzaine de concurrents et d'officiels par pays à chaque édition des Jeux. Maître des anneaux olympiques, l'Espagnol prend alors conscience du fait que l'indépendance de son mouvement passe obligatoirement par une indépendance financière. Or, il n'y avait que deux sources de financement possibles : les États ou les droits de télévision. Son choix se porte sur la seconde solution. Mais, pour éviter une dépendance excessive vis-à-vis de la télévision, le CIO cherche une seconde source de financement. Car, déjà l'argent de la télévision occupe une place considérable dans le budget du CIO, une dynamique appelée à se poursuivre.

## Montant des droits de télévision pour les Jeux

(en millions de dollars)

Été – 1960 (Rome) : 1,2. 1964 (Tokyo) : 1,5. 1968 (Mexico) : 9,7. 1972 (Munich) : 17,8. 1976 (Montréal) : 34,8. 1980 (Moscou) : 87,9. 1984 (Los Angeles) : 287. 1988 (Séoul) : 403. 1992 (Barcelone) : 636. 1996 (Atlanta) : 895. 2000 (Sydney) : 1318. 2004 (Athènes) : 1 482. 2008 (Pékin) : 1 697.

Hiver – 1960 (Squaw Valley) : 0,05. 1964 (Innsbruck) : 0,09. 1968 (Grenoble) : 2,6. 1972 (Sapporo) : 8,4. 1976 (Innsbruck) : 11,6. 1980 (Lake Placid) : 20,7. 1984 (Sarajevo) : 102,6. 1988 (Calgary) : 324. 1992 (Albertville) : 290. 1994 (Lillehammer) : 353. 1998 (Nagano) : 513. 2002 (Salt Lake City) : 748. 2006 (Turin) : 832.

Cette autre source de financement vitale pour que le CIO ne tombe pas aux mains des gens de télévision, Juan Antonio Samaranch la trouvera durablement avec la création du programme TOP (*the Olympic program*), lancé par l'Allemand Horst Dassler en 1984 et rassemblant un « pool » de sponsors. De cette époque, date la montée en puissance du parrainage au pays des anneaux (en 1976, les 628 sponsors rapportent 7 millions de dollars ; en 1984, les 163 sponsors contribuent pour moitié au bénéfice final). En créant le programme TOP, l'Allemand Horst Dassler, alors patron d'Adidas, entrait en scène à la demande expresse de Juan Antonio Samaranch. Sous la tutelle de sa société ISL (*International Sport and Leisure*) créée en 1982 et dirigée par Jean-Marie Weber, il met en place un financement extra-télévisuel. Mission accomplie. Le TOP dégagera pour la période 2006-2008, un total de 600 millions de dollars !

*Chapitre V*

## Les chiffres s'envolent, l'éthique demeure

Organisé par les Turcs à Istanbul – les finances ayant fait défaut aux Colombiens, organisateurs désignés – le Congrès de 1985 entérine une modification de statuts, se traduisant notamment par une augmentation du nombre de vice-présidents et de membres. À cette occasion, le Turc Togay Bayatli, organisateur du Congrès, est élu vice-président. Les congressistes adoptent également à l'unanimité un appel aux fédérations internationales afin qu'elles repoussent l'idée d'une mise en place de droits à acquitter par les journalistes pour « couvrir » les événements sportifs. Dans ce texte, l'AIPS proteste énergiquement contre les difficultés faites à certains journalistes sportifs pour obtenir un visa leur permettant de remplir à l'étranger leur mission. Par ailleurs, l'arabe devient la sixième langue officielle de l'AIPS et le nombre de pays affiliés passe à quatre-vingt-six, après l'intégration de la Jamaïque, de l'Ouganda et de la République de San Marin. Enfin, six mille neuf cent quarante-six journalistes sont désormais « encartés » à l'AIPS.

Le Congrès organisé du 24 au 28 avril 1987 à Séoul, soit deux ans plus tard, constitue la troisième sortie de l'AIPS hors de l'Europe (après Mexico en 1976 et São Paolo en 1981) et la première sur le continent asiatique[1]. À cette occasion, les délégués non européens présents sont majoritaires[2]. Le rêve un peu fou de Félix Lévitan[3], en mai 1964 lors de son accession à la présidence, a désormais réellement pris corps. D'autant que la progression des courbes ne faiblit pas : avec l'entrée de Monaco et Haïti ce sont quatre-vingt-onze pays qui sont affiliés et le nombre de cartes de membres atteint désormais le chiffre de sept mille quatre cent vingt-sept. Du coup, l'organisation n'a jamais été aussi influente. Ainsi, le Comité national olympique sud-coréen et le Comité d'organisation des Jeux de Séoul (1988) apportent-ils leur soutien aux organisateurs du Congrès de l'AIPS, avant de leur montrer le détail des installations prévues pour la presse à l'occasion des Jeux de 1988.

À l'occasion de ce Congrès, les délégués prêtent une attention toute particulière au travail des commissions spécialisées, notamment l'organisation de séminaires pour les jeunes journalistes présentée par le Français Jacques Marchand[4], une des chevilles ouvrières du Congrès parisien du Soixantenaire. Ainsi attirée, l'attention des délégués se manifeste notamment par une réforme de l'article quatorze des statuts permettant au Comité organisateur de prendre en charge les frais de séjour de certains représentants de commissions spécialisées, au même titre que ceux du comité directeur et des délégués nationaux.

1. Ce Congrès en Asie sera suivi, neuf ans plus tard, par un autre, organisé cette fois en Malaisie, à Kuala Lumpur (25-29 mars 1996).

2. Cinquante-neuf pays sont représentés. Parmi eux : vingt-six viennent d'Europe, quatorze d'Asie, onze d'Amériques et huit d'Afrique.

3. Intensifier les contacts internationaux, notamment vers les pays non européens et susciter la création d'associations continentales en Amérique du Sud, en Asie et en Afrique (voir chapitre III, Renaissance : « En route vers la professionnalisation »).

4. Président de l'USJSF (Union syndicale des journalistes sportifs français), rédacteur en chef adjoint à *L'Équipe*, puis chef du service des sports au *Matin*, Jacques Marchand devait devenir membre d'honneur de l'AIPS en 1995.

Symboliquement, cette marche en avant devait se poursuivre l'année suivante. Pour la première fois, un Congrès fut organisé en Afrique, du 2 au 7 mai à Kinshasa, au Zaïre. À cette occasion, la directrice de l'information du CIO, Michelle Verdier, lança une proposition très concrète aux représentants de l'AIPS : « *À partir de 1992, le CIO fera figurer dans le contrat signé par chaque comité d'organisation des Jeux Olympiques, l'obligation d'entretenir des rapports officiels avec la presse.* » En conclusion de ce Congrès africain, les associations espagnole et française devaient rédiger une déclaration ensuite adoptée à l'unanimité des participants et réclamant des fédérations internationales qu'elles fassent tout leur possible pour garantir la liberté de la presse et le droit à l'information.

Cette résolution devait ensuite être réexaminée et amendée par l'Allemagne fédérale et Cuba, en 1989, à l'occasion du Congrès de Göteborg[1] pour prendre la forme suivante :

« *Prenant en considération les motions présentées par les associations de France, Espagne, Cuba et Allemagne fédérale, l'AIPS fera les démarches auprès des Fédérations sportives internationales afin de garantir – dans le cadre d'une nouvelle convention spéciale ou au moyen de l'introduction de nouveaux paragraphes dans les règlements des compétitions nationales et internationales – le droit du public à l'information, au droit d'expression et le contrôle des accréditations. Cette tâche doit être réalisée par des responsables nationaux et internationaux représentant notre profession.*

*L'AIPS demandera au CIO de prendre en compte :*

*1. Afin que les droits d'exclusivité de retransmissions ne violent pas les droits de communication des autres médias !*

1. Congrès au cours duquel Frank Taylor devait obtenir un quatrième et dernier mandat de quatre ans.

*2. Afin de faire accepter la présence d'un représentant de l'Association nationale de la presse sportive dans son Comité national olympique pour qu'il puisse intervenir dans l'attribution des quotas nationaux aux Jeux olympiques et aux championnats continentaux et régionaux. Pour qu'il puisse également veiller qu'uniquement et exclusivement des journalistes professionnels puissent être accrédités.* »

Le cap des cent pays affiliés est atteint en 1991, lors du Congrès organisé à Nicosie, après l'intégration du Burundi, de la Sierra Leone, du Sri Lanka, Swaziland et de la Thaïlande. Parallèlement, le Comité directeur commence à examiner les moyens nécessaires à la mise en place d'un statut de membre associé à l'AIPS. Et en prévision de la tenue, l'année suivante, des Jeux olympiques (d'été à Barcelone, d'hiver à Albertville), le Congrès rappelle dans une résolution sa position sur la question des accréditations, depuis longtemps devenue son cheval de bataille :

« *Les participants au 54e Congrès de l'AIPS entendent poursuivre la politique de coopération entre l'AIPS, le Comité international olympique, les Fédérations internationales et les Comités organisateurs de compétitions sportives afin de garantir que seuls les journalistes sportifs professionnels puissent recevoir une accréditation de presse pour les Jeux olympiques et les autres grands rendez-vous sportifs internationaux. Le Congrès rappelle que la carte de membre de l'AIPS constitue une garantie du statut professionnel dans la presse sportive*[1]. »

---

1. Aux Jeux de Barcelone en 1992, l'AIPS avait à disposition, pour la première fois, un bureau dans le centre de presse – cela a toujours été le cas depuis – ce qui permit au président Franck Taylor de rester au contact des journalistes, mais aussi de Andres Mercé Varela et de Matti Salmenkylä, délégués de l'AIPS auprès du CIO. Membre de la commission de presse du CIO, Salmenkylä – qui avait débuté sa carrière olympique chez lui à Helsinki en 1952, où il couvrait le basket-ball – gérait toutes les affaires concernant l'installation et les billets de la presse pour assister aux épreuves dont le nombre de places était limité. Depuis 1920, la presse était prise en charge par le CIO, mais pour effectuer cette tâche, l'institution lausannoise se reposait, en fait, sur les organisateurs. Mais en 1952, à Helsinki, le CIO décide de reprendre les choses en main en imposant des quotas, ce qui reste le cas

Autre vieux cheval de bataille de l'AIPS, l'adaptation de ses propres statuts dans un monde sportif en évolution incessante reste une œuvre en perpétuel devenir. Ainsi, le Congrès extraordinaire, organisé le 5 mai 1993 à Istanbul, n'adopte-t-il pas la réforme proposée[1], mais réclame-t-il la constitution d'un groupe de travail chargé de rassembler les idées nouvelles jaillies de la discussion et de les inclure dans un nouveau projet[2].

Parallèlement, l'AIPS se donne un nouveau président en la personne du Turc Togay Bayatli, premier vice-président depuis 1990 et désigné successeur du Britannique Frank Taylor. Déjà en 1989, le Turc avait demandé à Frank Taylor, de lui céder la place. L'Anglais avait alors refusé, lui demandant de le laisser effectuer un ultime mandat. Marché conclu, mais pour être sûr d'avoir mis

---

Suite de la note 1 page 128

aujourd'hui. En 1972, à Munich, le chef de presse adjoint Bruno Schmidt-Hildenbrandt, membre de l'AIPS, était parvenu à trouver des places supplémentaires pour les journalistes. Longtemps, le secrétaire général Antoine Herbauts fit la police dans les travées des tribunes de presse, notamment à Montréal en 1976. Puis, en 1980, est mise en place la répartition des tâches suivantes : le CIO prend en charge les quotas, les organisateurs mettent à disposition les places en tribunes et l'AIPS prend en charge les contrôles. En raison de l'augmentation de la présence journalistique, le CIO devait ensuite charger le vice-président de l'AIPS, le Japonais Robert Tsyushi Miyakawa, et Matti Salmenkylä de s'occuper du « ticketing ». À la mort du Japonais, en 1992, le Finlandais continua jusqu'aux Jeux de Salt Lake City en 2002 avec l'aide du Suisse Hugo Steinneger. Aujourd'hui, l'Helvète poursuit seul la tâche pour le compte de l'AIPS.

1. Il s'agit notamment de clarifier et de simplifier les statuts existants, de réduire à trois le nombre de langues officielles (anglais, français, espagnol), que chaque pays ne dispose plus que d'un seul délégué contre deux auparavant et qu'un membre du comité directeur ou de l'administration de l'AIPS ne puisse avoir, par ailleurs, de responsabilités dans un comité national olympique, une fédération nationale ou internationale.

2. Ce nouveau projet devait ensuite être adopté lors du Congrès extraordinaire organisé du 27 au 30 avril 1994 à Manchester, de même que la réglementation concernant les commissions spéciales et les sections continentales.

toutes les chances de son côté, Bayatli manœuvre efficacement afin qu'Istanbul accueille le Congrès électif suivant, prévu en 1993. Le moment venu, Taylor refuse pourtant d'abdiquer, souhaitant « tomber sur le ring, comme un boxeur ». Un troisième larron s'invite dans cette bataille de titans : l'Italien Gianni Merlo qui, depuis 1986, préside les destinés de la Commission spécialisée d'athlétisme de l'AIPS. Ambitieux et surtout impatient il n'a de cesse d'accéder au pouvoir le plus rapidement possible. Le match a donc lieu à Istanbul. Sur les bords du Bosphore, le Turc triomphe largement, au premier tour de scrutin, en engrangeant trente et un votes contre seize à l'Italien Gianni Merlo, douze à Taylor et un au Finlandais Stig Häggblom dont on ne comprenait pas la présence dans ce combat, puisqu'il pouvait se targuer d'un titre de membre honoraire depuis... 1973. Devenu, en 1994, pour quatre ans seulement, président de l'UEPS, Merlo reviendra à la charge, à Oviedo, en Espagne, en 1997 pour se frotter à nouveau à Bayatli. Cette fois, la punition est plus terrible encore puisque le Transalpin est balayé par cinquante-huit voix à vingt et une. En 2001, à Toronto, le Turc sera élu par acclamations. Il en va de même pour Alain Lunzenfichter qui obtient cinquante-deux voix sur soixante possibles pour devenir membre de l'exécutif à Istanbul en 1993. Il devient premier vice-président, à Oviedo en 1997 en devançant le Canadien George Gross (54 à 26) avant d'être élu au même poste, à Toronto, en 2001 par acclamations.

Togay Bayatli est un authentique paradoxe. Personnage sans fortune, il vit très confortablement dans une superbe maison construite sur les rives du Bosphore et, du bord de sa piscine, regarde glisser sur l'eau les gros tankers remplis de pétrole. Homme de chiffres plus que de lettres, il est celui qui a finalement su doter d'une solide assise financière une AIPS longtemps occupée à tirer le diable par la queue. Journaliste sportif de cœur et de formation, il a rompu avec la presse à plusieurs reprises pour se tourner vers le monde de l'entreprise.

Car par-dessus tout, le président en exercice de l'AIPS est un pragmatique et un boulimique des contacts.

Ainsi, alors qu'il étudie l'économie à l'université d'Istanbul, le jeune Togay ne rêve que de football. Mais un accident le contraint à quitter définitivement les terrains. Pas grave : au hasard des contacts et des opportunités, il entre au journal *Watan* et, parallèlement, devient président de l'AISEC (Association internationale rassemblant des étudiants en économie). C'est à ce titre d'ailleurs qu'il a l'occasion, en compagnie de cinq camarades étudiants, de se rendre à la Maison Blanche pour y rencontrer le président des États-Unis, John Kennedy en personne !

Son goût alors naissant pour les voyages et les rencontres avec des personnalités influentes ne lui fait pourtant pas oublier son amour du football. Ainsi, participe-t-il en 1957 à l'organisation en Turquie des Championnats juniors UEFA. Cinq ans plus tard, le bouillant jeune homme quitte *Watan* pour intégrer la rédaction du quotidien *Milliyet*, l'un des plus gros tirages du pays. Il a tout juste 24 ans. Il est légitimement ambitieux, s'intéresse beaucoup au sport international et parle couramment anglais et allemand. Il dispose même de solides notions en italien et en espagnol. Une carrière prometteuse s'annonce.

En 1976, il devient membre du comité exécutif de l'Association turque des journalistes sportifs (TSYD), association qu'il présidera ensuite de 1986 à 1992. À ce titre, il participe l'année suivante à son premier congrès de l'AIPS. C'était à Milano-Maritima, en Italie. Délégué en charge des relations internationales de la TSYD, Togay Bayatli y découvre les coulisses d'une AIPS qui tangue alors beaucoup. Frank Taylor est aux commandes et doit faire face à une attaque en règle italienne visant directement son fauteuil de président. Jouant à domicile et habilement, Enrico Crespi triomphe, on s'en souvient, et, Taylor doit céder les commandes.

*En 1994, à Paris, lors du Centenaire du CIO, Togay Bayatli en compagnie d'Alain Lunzenfichter et Frank Taylor dépose une gerbe au pied du monument érigé à la mémoire de Frantz Reichel. (© Collection AIPS).*

Parallèlement, on procède aux élections afin de pourvoir aux postes de membres de l'exécutif. Ancien dirigeant de la TSYD, Kahraman Bapcum n'est pas venu en Italie. Mais à la stupeur générale, il est pourtant élu alors que chacun pensait désigner Bayatli ! Amer revers dont ce dernier conservera longtemps un souvenir cuisant. Aussi quand, en 1981, la Turquie proposera encore le nom de Bapcum, Bayatli s'y opposera farouchement, demandant à être désigné candidat. Il obtiendra finalement satisfaction et intégrera l'organe dirigeant de l'AIPS la même année à São Paulo.

Dès lors, il multiplie un peu plus encore ses activités. Délégué AIPS pour les Jeux méditerranéens en 1983 et 1987, il remplit la même fonction à l'occasion des Jeux olympiques 1984, avant de devenir adjoint au chef de mission turc à l'occasion de l'édition suivante en 1988. À ces fonctions, il ajoute encore, lors des Jeux de 1984 et 1988, celles de responsable presse. Dans le même temps, il donne des cours de journalisme et de management du sport à l'université de Marmara et continue à s'intéresser au football puisqu'il devient l'un des dirigeants du club de Fenerbahce, organisant même une rencontre contre une sélection européenne conduite par le Néerlandais Johann Cruyff !

Parallèlement, en accueillant des Comités exécutifs et des réunions de bureau, les Turcs se font connaître dans le milieu de l'AIPS. Dynamiques, disposant à Istanbul comme dans les autres régions du pays, d'installations bien conçues avec salles de réunions, restaurants, piscines et clubs de rencontres pour les journalistes, le TSYD profite, jusqu'en 2000, de rentrées d'argent substantielles grâce aux bénéfices d'un tournoi de football auquel participent les meilleurs clubs turcs, comme Galatasaray et… Fenerbahce. Autre argument séduisant aux yeux de l'AIPS, seule la carte AIPS est reconnue en Turquie. En clair, pour pouvoir entrer dans un stade turc et y travailler, un journaliste sportif doit disposer de ce sésame. Conséquence directe : le nombre d'adhérents turcs grimpe en flèche.

Fort de ce contexte, Togay Bayatli devient vite un membre incontournable de l'AIPS où il est promu au poste de vice-président en 1985, à Istanbul. Il s'occupe du marketing lors du congrès de 1989 à Göteborg, intègre la commission presse du CIO à l'instigation de son président Juan-Antonio Samaranch, œuvre en qualité de secrétaire général honoraire du Comité national olympique turc de 1989 à 2003, avant d'en devenir président très récemment, et reçoit l'ordre olympique en 1991, année où il accède au fauteuil de premier vice-président de l'AIPS. Mais l'homme voit loin et en veut beaucoup plus.

Après le Congrès d'Istanbul, Bayatli est désormais le patron d'une organisation réunissant 143 pays et représentant 30 000 journalistes sportifs. Mais à son arrivée, il découvre une institution à la bourse plate. D'autant plus qu'elle perd à ce moment-là son contrat avec l'équipementier Adidas, l'un de ses plus gros pourvoyeurs de fonds. Bayatli prend la seule décision possible alors : la cotisation de membre de l'AIPS grimpe de 20 à 30 dollars. Mais le Turc prend aussi son bâton de pèlerin et s'en va faire le tour des fédérations internationales pour solliciter leur aide financière. Il lui faudra du temps, mais sa démarche s'avère… payante ! L'AIPS est non seulement sauvée des eaux, mais elle dispose progressivement d'une aisance financière à laquelle elle n'avait jamais osé rêver. L'argent rentrant de mieux en mieux, le Comité exécutif décide alors de rétrocéder aux sections internationales une partie des recettes perçues sur les cartes AIPS. Il est donc décidé que cinq dollars par carte seront reversés dans les caisses continentales. Depuis le début de son mandat, Togay Bayatli n'a cessé, par ses contacts personnels, d'avoir les meilleures relations possibles avec les fédérations internationales et de promouvoir les commissions spécialisées de l'AIPS.

Pendant qu'il était occupé à gravir, parallèlement, les échelons des institutions sportives (il est également élu au comité exécutif du Comité olympique européen et à celui des Jeux méditerranéens, mais aussi membre des commissions médias des fédérations internationales de volley-ball et de football), l'homme fort de l'AIPS n'a pas pour autant délaissé le journalisme, même s'il a vécu avec lui une relation compliquée. Reporter chez *Milliyet* à partir de 1962, il délaisse la plume pour le monde des affaires une première fois, en allant rejoindre le groupe Unilever en qualité de directeur des ventes.

À la demande du directeur de *Milliyet*, il reprend le chemin de la rédaction jusqu'au début des années 1970, période à laquelle il s'éclipse, une nouvelle fois, pour aller travailler dans une fabrique de lessive appartenant à son beau-père. Car, entre-temps, l'homme à la plume intermittente s'est joliment marié. Cinq ans plus tard son beau-père vend sa société et Bayatli se retrouve chômeur, mais riche grâce à la fortune personnelle de son épouse dont il a deux enfants. Finalement, il revient à ses premières amours pour s'occuper des relations internationales à *Milliyet*, avant de devenir, depuis 2002, chroniqueur hebdomadaire à *Hurriyet*. À 65 ans, Togay Bayatli reste un homme pressé, éternellement en proie à la bougeotte.

Sous sa direction, le cap a pourtant été maintenu, notamment concernant ces quelques thèmes qui, depuis l'origine, structurent l'action de l'Association. La France, en la personne de Jacques Marchand, lance un appel approuvé par le Congrès de l'AIPS à Manchester en avril 1994 et présenté au Congrès du Centenaire du CIO quelques mois plus tard à Paris. Cet appel résume en fait les problèmes qui préoccupent la presse depuis des lustres :

« *Les journalistes de sport sont des journalistes à part entière, martèle le texte. Ils revendiquent les mêmes droits, les mêmes devoirs, la même formation que tous les journalistes de l'information, dont ils sont solidaires. Rien ne doit les distinguer du point de vue de l'exercice de leur profession.*

*Pour mieux répondre à l'exigence et à la passion d'une clientèle conquise par l'épopée sportive et sa couverture médiatique, pour mériter le respect du milieu sportif, pour justifier la confiance de leurs éditeurs, les journalistes de sport, quel que soit le pays où ils opèrent, doivent s'efforcer de proposer et de maîtriser une presse sportive consciente, responsable, indépendante et solidaire, malgré la concurrence.*

*Leur souci de qualité est également primordial. Leur spécialisation dans les problèmes de sport, au surplus, implique une culture et une reconnaissance approfondie de ses pratiques, de ses techniques, de son ambiance, de son environnement, de son histoire et de sa finalité comme phénomène universel de société.*

*Leur formation, en conséquence, doit s'inspirer de ces exigences. Comme ils ne peuvent ignorer ou escamoter les menaces qui pèsent sur un sport, entraîné souvent par son succès et sa popularité dans des dérives qui risquent de lui être fatales, telles que le dopage, la violence, le chauvinisme, le nationalisme exacerbé, la recherche du résultat à n'importe quel prix, le poids toujours plus lourd de l'argent, le tout au mépris des respects, celui de soi-même, celui de l'adversaire, celui de la règle sportive, qui sont les fondements de la compétition.*

*En raison d'une influence éducative sur leur public, à laquelle ils ne peuvent prétendre échapper, les journalistes ont, s'ils le désirent, les moyens de défendre les valeurs du sport, en soulignant les actions en faveur de l'esprit sportif, du fair play, en expliquant par-delà le déroulement des Jeux olympiques, la philosophie humaniste de l'olympisme, donc en traitant le sport comme un possible élément de compréhension et de paix dans le monde.*

*Gérer simultanément l'éthique de leur profession et l'éthique du monde sportif relève de leur responsabilité de journaliste et de leur conscience de sportif. Même profondément impliqués dans la vie sportive et soucieux des intérêts de leur entreprise et des besoins de leur clientèle, les journalistes doivent en toutes circonstances, défendre leur droit à l'information, sauvegarder leur liberté d'expression et de jugement et résister aux pressions de tout pouvoir, qu'il soit politique, économique ou même sportif.*

*Sans indépendance les journalistes ne peuvent prétendre à la crédibilité et la respectabilité. Dans un esprit de solidarité professionnelle qui n'est pas incompatible avec la concurrence loyale des entreprises et au nom de la confraternité préconisée par l'Association internationale de la presse sportive (AIPS), les journalistes de sport, dans la mesure de leurs moyens doivent s'ingénier à apporter assistance aux confrères de pays déshérités, leur permettant d'acquérir une meilleure formation de base et permanente et d'affirmer leur identité dans l'exercice de leur fonction.*

*Les journalistes de sport du monde entier qui adhèrent aux principes d'indépendance, de conscience, de responsabilité et de solidarité doivent s'unir, se soutenir et s'engager à défendre ensemble leurs droits professionnels et à ne pas traiter le sport simplement comme un produit commercial ou un spectacle, mais à lui rendre ses dimensions sociales, éducatives et culturelles.* »

Cet appel sera d'ailleurs confirmé lors de l'université d'été tenue, en août 2001, à Marseille. Une université d'été organisée autour du thème « L'Europe garante de l'éthique sportive ? » Par cette démarche, il s'agissait avant tout de marteler quelques principes forts face à un sport à la recherche d'un second souffle, notamment financier, certaines disciplines peinant de plus en plus à trouver des ressources. Un rappel de certaines valeurs, au moment où le président-directeur général d'une chaîne de télévision française expliquait : « *Nous ne sommes pas là pour offrir des programmes à un public, mais un public à des annonceurs*[1]. »

Dans la foulée du Congrès de Manchester, une résolution est adoptée à l'issue du Congrès de Kuala Lumpur, en mars 1996,

1. Leconte, Bernard, *Pour moins de 10 secondes d'éternité*, communication n° 67, Le Seuil, Paris, 1998.

réclamant une « *révision des quotas en matière d'accréditations lors des grandes compétitions, en tenant compte de la nouvelle réalité géographique mondiale* ». Elle réitère également son refus d'accepter qu'une quelconque participation financière soit exigée des journalistes en échange de leur accréditation. Couverts par des fédérations internationales comme la FIFA (Mondial de football aux États-Unis en 1994 et en France en 1998) ou l'IAAF (Mondial d'athlétisme à Göteborg en 1995), quelques organisateurs avaient cru flairer un bon filon, mettant en place un système de caution. Placé à la banque pour quelques mois, ce pactole rapportait des sommes non négligeables. De même, la résolution réaffirme son refus de voir des non-journalistes employés en lieu et place d'authentiques professionnels. Ainsi, à l'occasion de l'apparition récente d'Internet dans le monde de la presse professionnelle, l'AIPS a-t-elle pris position face aux fédérations sportives, en particulier le CIO et la FIFA, pour que les spécialistes venant couvrir des Jeux olympiques ou des Championnats du monde soient de vrais journalistes. Une démarche comprise et acceptée par les instances sportives. Ainsi, le CIO effectuera-t-il un tri entre ces nouveaux prétendants à l'accréditation en fonction de l'importance du site Internet concerné.

Car, la présence médiatique, à l'occasion des grands rendez-vous sportifs mondiaux, représente désormais une véritable armada. Or, cette montée en puissance constitue un véritable défi pour l'AIPS, organisme notamment chargé de protéger les intérêts des journalistes sportifs authentiques, de veiller aux bonnes conditions de travail de cette population toujours plus nombreuse et d'en être le porte-parole. À ce point, il convient de s'arrêter un moment sur quelques chiffres illustrant l'évolution exponentielle de cette présence journalistique. Ils donnent le tournis :

## Jeux olympiques d'été

- 1896 : **Athènes** – Treize journalistes « couvrent » l'organisation des premiers Jeux de l'ère moderne.
- 1900 : **Paris** – Les compétitions se déroulant sur plusieurs mois, il est impossible de connaître le nombre de journalistes ayant couvert l'événement.
- 1904 : **Saint-Louis** – Comme à Paris, les épreuves se déroulant dans le cadre de l'Exposition universelle, le nombre de journalistes présents dans le Missouri n'est pas connu.
- 1908 : **Londres** – Le nombre de journalistes « couvrant » les compétitions est inconnu.
- 1912 : **Stockholm** – L'organisation, dans un rapport, donne les noms de tous les journalistes qui avaient obtenu une accréditation : 444 venant de 28 pays. Il n'y avait aucun photographe mais de nombreux dessinateurs. La plupart des journalistes venaient de Suède (186), Allemagne (42), Grande-Bretagne (29) et des États-Unis (28). Le rapport officiel précise « *500 sièges avaient été réservés aux journalistes dans les tribunes officielles* ».
- 1920 : **Anvers** – Le nombre des journalistes « couvrant » ces Jeux olympiques est inconnu.
- 1924 : **Paris** – Le rapport officiel des Jeux fait état de la présence de 685 journalistes venant de 43 pays. La plupart venaient de France (186), des États-Unis (45), de Grande-Bretagne (40), d'Espagne (36), de Hongrie (34), de Tchécoslovaquie (33), des Pays-Bas et d'Italie (26), de Suisse et de Suède (25). Quelques rares femmes étaient accréditées pour la France, les États-Unis, les Pays-Bas et la Lituanie.
- 1928 : **Amsterdam** – Le rapport des Jeux d'Amsterdam précise que les Jeux étaient partagés en deux parties et la première consacrée au football avait attiré 278 journaux et 317 journalistes.

Durant la seconde se déroulaient les Jeux proprement dits et a reçu 490 journaux et 616 journalistes. Il n'est pas précisé si certains journalistes ont couvert les deux périodes.

- 1932 : **Los Angeles** – Rien ne figure sur le rapport des Jeux de 1932 sinon que 706 sièges étaient mis à la disposition des représentants de la presse au stade olympique. Cependant il est fait état dans certains documents du nombre d'accrédités au 27 juillet 1932. À cette date figuraient 178 journalistes venant de 30 pays auxquels il fallait ajouter 125 Américains provenant de 27 États. Le Japon avec 27 envoyés spéciaux, la Grande-Bretagne et la Suède avec 15, et l'Allemagne figurent en tête des journalistes étrangers.
- 1936 : **Berlin** – Très exactement, 1823 badges de presse ont été distribués aux Jeux de Berlin et le rapport officiel précise que 593 journalistes de presse écrite étaient sur place venant de 58 pays. Les États-Unis (46) avaient le plus de représentants devant l'Autriche (37), la Suisse (32), l'Italie (29), les Pays-Bas (22) et la Suède (20). Il est indiqué que 225 journaux allemands avaient envoyé 997 représentants tandis que 148 journalistes venaient de 15 agences de presse, que 55 correspondants allemands de la presse étrangère et 30 pigistes allemands complétaient le nombre.
- 1948 : **Londres** – Peu de précisions dans le rapport des Jeux, hormis le fait que 1 364 « complimentary press tickets » ont été distribués. Pourtant, on peut penser que ce nombre est voisin de 2000, avec l'apport des photographes et des radio-reporters.
- 1952 : **Helsinki** – 939 journalistes de la presse écrite venant de 69 pays ont été accrédités aux Jeux de 1952. Les plus gros contingents venaient de Suède (124), des États-Unis (86), d'Allemagne (81), de France (70) et de Norvège (50). La Finlande, quant à elle, avait 316 journalistes accrédités ainsi que 47 de ses correspondants à l'étranger sans parler des 170 représentants d'agences

venant de 17 nations. Il y avait 161 photographes, 164 reporters radio aidés par 51 techniciens. En tout : 1 848 journalistes accrédités.

- 1956 : **Melbourne** – Le rapport officiel parle de 589 journalistes étrangers, plus 76 photographes auxquels il faut ajouter 79 journalistes et 21 photographes australiens. Il y a également 97 commentateurs radio étrangers et 98 accréditations pour les agences de presse. Au total : 51 pays représentés.
- 1956 : **Stockholm** – Pour les Jeux équestres de 1956, 298 journalistes de la presse écrite étaient présents en Suède, 56 photographes, 94 reporteurs radio ainsi que 56 commentateurs et techniciens TV, soit 504 accréditations au total.
- 1960 : **Rome** – Le rapport officiel donne les chiffres des accréditations aux Jeux de 1960 : 943 journalistes, 284 photographes, 184 journalistes d'agence, 153 reporters radios (60 pays), 143 commentateurs TV (38 pays), 245 techniciens radios, 223 techniciens TV, 19 équipes de film, soit 2 194 accréditations.
- 1964 : **Tokyo** – 1 153 journalistes de presse écrite étaient accrédités, mais aussi 179 photographes, 115 journalistes d'agences et 60 photographes d'agences, soit 1 507 accréditations auxquelles il faut ajouter 2 548 représentants de la télévision japonaise et 656 envoyés spéciaux des TV étrangères. Au total : 3 204 accréditations.
- 1968 : **Mexico** – Certaines listes annoncent 835 journalistes de la presse écrite, 86 photographes, 845 spécialistes radio-TV (techniciens inclus), 385 journalistes d'agence, 86 photographes d'agence et 12 équipes de film, soit au total 2 249 journalistes. D'autres listes donnent 4 377 inscriptions au centre des médias, dont 355 Mexicains. La seconde paraît plus plausible.
- 1972 : **Munich** – Le rapport officiel donne le chiffre de 1896 journalistes de la presse écrite, 358 photographes, 182 com-

mentateurs radio-TV, 502 journalistes d'agence, 249 accrédités au site de voile à Kiel et 1 400 techniciens TV, soit un total de 4 587 accrédités.

- **1976 : Montréal** – 2 259 journalistes de la presse écrite, venus de 82 pays, figurent sur le rapport officiel des Jeux de Montréal ainsi que 745 photographes (49 pays) et 416 journalistes d'agence (21 pays), soit un total de 3 420 auquel il faut ajouter les spécialistes de radio-TV et les techniciens qui se montent à 5 080.
- **1980 : Moscou** – 2 794 journalistes de la presse écrite (dont 565 Soviétiques) couvrent ces Jeux. À ceux-là il faut ajouter 400 photographes (107 Soviétiques), 335 agenciers (70 Soviétiques), 800 commentateurs radio-TV (100 Soviétiques), 3 200 techniciens (1 300 Soviétiques) et 100 accrédités pour le tournage de films (60 Soviétiques). Au total : 7 629 accréditations, dont 1 977 pour des représentants de médias soviétiques.
- **1984 : Los Angeles** – 2 912 accréditations pour la presse internationale (2 297 presse écrite, 413 photographes et 202 techniciens), 514 agenciers (dont 120 photographes et 144 techniciens), 263 journalistes de la presse américaine (dont 34 techniciens) et 148 accréditations diverses. Au total : 3 837 journalistes, soit 2 821 journalistes de presse écrite, 567 photographes, 449 techniciens. Les pays les mieux représentés sont les États-Unis (664), l'Allemagne de l'Ouest (283), le Japon (189) et la Grande-Bretagne (166). Il faut ajouter 6 183 spécialistes des médias électroniques (commentateurs, techniciens, personnel de soutien), soit un total de 10 020 accréditations.
- **1988 : Séoul** – 3 157 journalistes (E), 193 techniciens (ES), 710 photographes (EP), 72 photographes spécialisés (EPS), soit un total de 4 132 accréditations presse écrite et photo. S'y ajoutent 10 360 journalistes radio-TV qui se décomposent ainsi : RT1 (superviseurs, producteurs, commentateurs) 4 435 ; RT2

(cameramen, techniciens) 4 982 ; RT3 (support personnel) 943. Au total : 14 492 accréditations médias.

- 1992 : **Barcelone** – Le rapport des Jeux donne 3 145 journalistes de presse écrite, 878 photographes, 857 techniciens, personnels et radios non droits. Il faut y ajouter 12 023 représentants des radios-TV (superviseurs, producteurs, commentateurs, cameramen, techniciens et support personnel). Au total : le centre de presse a accueilli 16 903 représentants des médias.
- 1996 : **Atlanta** – 19 182 représentants des médias étaient à Atlanta pour les Jeux du Centenaire. Le décompte est de 3 144 journalistes de presse écrite, 840 photographes, 288 journalistes de la presse spécialisée, 195 photographes spécialisés, 290 non-détenteurs de droits, 278 techniciens, 348 journalistes accrédités uniquement au centre de presse, 312 journalistes locaux. Au total : 5 695 pour la presse auxquels on ajoutera les 13 487 représentants des radios-TV.
- 2000 : **Sydney** – 19 590 représentants des médias étaient présents. Il y avait 4 822 journalistes de la presse écrite dont 1 088 photographes, 249 non-détenteurs de droits et 227 journalistes de la presse locale. Au total : 5 298 pour la presse auxquels on ajoutera les 14 292 représentants des radios-TV qui se décomposent en 10 735 accréditations TV (225 RTa, 7 524 RTb, 2 986 RTc) et 3 557 accréditations OBO (14 Hba, 3 150 HBb, 393 HBc).

## Jeux olympiques d'hiver

- 1924 : **Chamonix** – 88 journalistes de 14 pays dont 40 Français, 9 Suédois, 7 Américains. Il y avait treize personnes pour s'occuper du centre de presse muni de quatre téléphones.
- 1928 : **Saint-Moritz** – 330 journalistes venant de 27 pays (88 Allemands, 55 Suisses, 30 Français...). Le centre de presse était

situé à l'hôtel Victoria Palace et comprenait une équipe de 28 personnes et 24 téléphones.

- 1932 : **Lake Placid** – 89 journalistes de 11 pays étaient sur place dans un centre de presse regroupant 31 employés.
- 1936 : **Garmisch-Partenkirchen** – 498 journalistes de 29 pays (251 Allemands) dont 46 photographes (tous Allemands) et 49 reporters radio (dont 37 étrangers) viennent travailler dans deux centres de presse.
- 1948 : **Saint-Moritz** – 498 journalistes et photographes venant de 38 pays (69 de Suisse, 69 des États-Unis, 58 de Suède, 57 de France) ; 72 reporters et 47 techniciens radios ; quatre compagnies de télévision. Le centre de presse employait 688 personnes.
- 1952 : **Oslo** – 599 journalistes dont 103 photographes, ainsi que 47 reporters représentant 18 organisations travaillent sur place.
- 1956 : **Cortina d'Ampezzo** – 417 journalistes de presse écrite et photographes y compris 46 agences de presse et 27 agences photographiques auxquels il faut ajouter 75 commentateurs de télévision.
- 1960 : **Squaw Valley** – 379 journalistes de la presse écrite venant de 25 pays côtoient 19 compagnies de radio-TV provenant de 15 pays. Ils vont travailler dans l'unique centre de presse construit à cet effet.
- 1964 : **Innsbruck** – 617 journalistes de la presse écrites venant de 34 pays (dont 85 Allemands de l'Ouest, 79 Autrichiens, 74 Russes...) mais également 157 photographes (15 pays), 103 reporters radios (19 pays), 118 commentateurs TV (22 pays), 105 journalistes d'agence (20 pays) ainsi que 346 techniciens ont été enregistrés.
- 1968 : **Grenoble** – 1 095 journalistes de presse écrite venant de 34 pays (dont 208 Français, 119 Allemands de l'Ouest, 110 Amé-

ricains), 301 photographes (21 pays), 149 techniciens (14 pays) mais aussi 1 100 pour la radio-TV (207 commentateurs, 201 journalistes et 692 techniciens). Ces 2 645 représentants des médias travaillent dans un centre construit pour l'occasion.

- 1972 : Sapporo – 1 044 journalistes de presse écrite dont 395 Japonais venus de 25 pays, 163 journalistes de huit agences de presse, 667 commentateurs (dont 185 Japonais) de radio-TV, 1 075 techniciens TV, 178 personnes accréditées pour la réalisation du film officiel. En tout, 3 713 personnes accréditées pour un centre de presse construit pour l'occasion.
- 1976 : Innsbruck – 860 journalistes de presse écrite venus de 34 pays (dont 143 Allemands de l'ouest, 78 Autrichiens), 132 journalistes d'agence de 20 pays, 390 photographes (28 pays), 512 commentateurs radio-TV (25 pays), 346 techniciens TV et 26 équipes de films.
- 1980 : Lake Placid – 847 journalistes de presse écrite (EE), 404 photographes (EP), 201 journalistes d'agence dont 110 (EA) et 91 El, 544 commentateurs radio-TV et 1 907 techniciens TV. En tout, 3 903 accrédités.
- 1984 : Sarajevo – 1 715 journalistes de la presse écrite provenant de 34 pays (618 des États-Unis, 318 de Yougoslavie, 131 du Canada, 94 d'Allemagne de l'Ouest). 524 photographes dont 178 d'agences (24 pays), 1 161 commentateurs radio-TV (28 pays), 3 492 techniciens TV dont 2 736 travaillent au centre de presse, 377 personnes travaillant pour des équipes de cinéma (5 pays). Au total : 7 393 accréditées.
- 1988 : Calgary – 1 332 journalistes de presse écrite (E), 440 photographes (EP), 391 techniciens (ET) et 198 (ETV) et 413 accrédités qui restent au centre de presse, soit un total de 2 774 pour la presse écrite. S'y ajoutent les accréditations radio TV : RT-1 (superviseurs, producteurs, commentateurs) : 2 112 accré-

ditations ; RT-2 (cameramen, techniciens) : 1 469 et RT-3 (support personnel) : 780, soit 4 361 pour la radio-TV. Il y a eu 7 135 accréditations de distribuées.

- **1992 : Albertville** – 1 325 journalistes de presse écrite, 596 photographes, 170 journalistes d'agence, 3 623 membres des équipes radio-TV (127 RTA, 2 958 RTB, 538 RTC). Au total : 7 407 accréditations ont été distribuées à Albertville. Les journalistes se sont partagés dans deux centres de presse, La Lechère pour la presse écrite et l'IBC de Moutiers pour la télévision.
- **1994 : Lillehammer** – 1 563 journalistes de presse écrite (E), 571 photographes (EP), 199 (ET) et 143 (EN) pour les agences de presse, 129 techniciens au centre de presse, soit au total de 2 605 journalistes de presse écrite. Pour la radio-TV et les techniciens, 5 534 accréditations ont été distribuées, soit un total de 8 139 accréditations médias.
- **1998 : Nagano** – 1 476 journalistes de presse écrite (E), 542 photographes (EP), 230 techniciens (ET), 123 non-détenteurs de droits et des journalistes spécialisés, soit au total 2 586 journalistes. Pour les radios-TV (ORTa, ORTb, ORTc) 5 737 personnes ont été accréditées. Le total des accréditations médias est de 8 323 personnes.
- **2002 : Salt Lake City** – 1 617 journalistes de presse écrite (E), 532 photographes (EP), 185 techniciens (ET), 149 non-détenteurs de droits et journalistes spécialisés, soit un total de 2 661 journalistes. Pour les radios-TV 6 065 personnes ont été accréditées. Le total accréditations médias est de 8 726 personnes.

En clair, les organisateurs et l'AIPS ne sont plus confrontés à une forte évolution, mais à une véritable explosion. D'autant, naturellement, que cette poussée ne se limite pas aux seuls Jeux olympiques. D'autres grands rendez-vous présentent des courbes similaires. Arrêtons-nous sur deux exemples :

## **Coupe du monde de football** (nombre d'accréditations)

- **1966 : Angleterre** – Presse écrite : 1 392 ; photographes : 172 ; radio-TV, techniciens : 213. Total : 1 777.
- **1970 : Mexique** – Presse écrite : 1 408 ; photographes : 359 ; radio-TV, techniciens : 895. Total : 2 662.
- **1974 : RFA** – Presse écrite : 1 691 ; photographes : 295 ; radio-TV, techniciens : 2 630. Total : 4 616.
- **1978 : Argentine** – Presse écrite : 3 173 ; photographes : 925 ; radio-TV, techniciens : 2 613. Total : 6 711.
- **1982 : Espagne** – Presse écrite : 2 775 ; photographes : 814 ; radio-TV, techniciens : 3 701. Total : 7 290.
- **1986 : Mexique** – Presse écrite : 2 127 ; photographes : 256 ; radio-TV, techniciens : 2 252. Total : 4 635.
- **1990 : Italie** – Presse écrite (+ quota pour les locaux) : 2 258 ; photographes : 355 ; radio-TV, techniciens : 2 373. Total : 4 986.
- **1994 : États-Unis** – Presse écrite : 2 783 ; photographes et techniciens photos : 956 ; radio-TV, techniciens : 5 547. Total : 9 286.
- **1998 : France** – Presse écrite : 2 740 ; photographes et techniciens photos : 1 074 ; radio-TV, techniciens : 8 033. Total : 11 847.
- **2002 : Corée-Japon** – Presse écrite : 3 600 ; photographes et techniciens photos : 900 ; radio-TV, techniciens : 7 500. Total : 12 000.

## **Tour de France cycliste**

- 1983 : 440 journalistes accrédités.
- 1990 : 800 journalistes accrédités.

- 2003 : 1 200 journalistes accrédités.
- Le nombre de pays retransmettant des images est passé de 75 en 1987 à 170 en 2003. En 1983, Pierre Chany annonce dans sa *Fabuleuse histoire du cyclisme* : 440 journalistes, 12 chaînes de télévision, 14 stations de radio et un total de 780 véhicules et 2 000 personnes. En 1983, le nombre de véhicules est de 1 500 et le nombre de suiveurs de 4 000.
- Parmi eux, la population des médias reste la plus importante : 1 200 journalistes, cameramen et consultants ; 1 000 techniciens, chauffeurs, motards ; 370 titres de presse ou agences ; 37 chaînes de télévision présentes sur le terrain et 75 qui diffusent à travers le monde ; 70 stations de radios locales et nationales.

Ce débat engendré par l'explosion de la présence médiatique sur certains rendez-vous mondiaux bien précis, la réduction de plus en plus fréquente du sport à sa seule dimension de spectacle et l'omnipotence du pouvoir télévisuel, sont désormais au cœur des inquiétudes et des réflexions de l'AIPS. Aussi, en 1990, l'Association française des journalistes sportifs (USJSF), rédige-t-elle une motion, aujourd'hui encore criante de vérité :

*« En l'an 2000, le câble, le satellite, le marché européen, la multiplication des chaînes TV, composeront un paysage dans lequel le sport devra s'intégrer, sans doute en modifiant ses règles, et surtout poursuivre son développement en fonction de ces nouvelles données, assure ce texte.*

*Déjà, des organisateurs de manifestations produisent et commercialisent leurs propres images, déjà des dirigeants sportifs créent ou vont créer leurs propres médias avec des journalistes professionnels. Ceux-ci disposeront-ils de toute leur indépendance ? Par ailleurs, les pressions de plus en plus sensibles des décideurs économiques sur le fonctionnement du sport peuvent modifier la hiérarchisation normale des événements. Le journaliste dispose-t-il toujours de la maîtrise de celle-ci ?*

*Les exclusivités, de plus en plus nombreuses, des chaînes de TV, inévitables mais anarchiques, remettent en cause l'égalité de traitement réservé à tous les journalistes ? Ceux-ci ne jouiraient-ils plus du simple droit à l'information ? Devraient-ils se contenter seulement d'UNE information, condition inacceptable de l'éthique et l'exercice de la profession.*

*Il importe donc de veiller aux éliminations des pouvoirs de chacun, de s'assurer de la crédibilité sportive de la manifestation, de se garantir de toute intervention publicitaire pernicieuse, dans un secteur qui confond souvent information et promotion ; de préserver ainsi le rôle fondamental de critique, garant de l'indépendance du journaliste, base de la démocratie. »*

*« Réunie à Athènes, puis à Olympie, du 23 au 27 avril 2002, pour son 65e Congrès, l'Association internationale de la presse sportive (AIPS) a clairement et énergiquement réaffirmé son attachement profond au droit à l'information dû au public.*

*Des événements récents ont montré la volonté d'imposer une approche abusivement mercantile du sport ce qui met en danger le droit à l'information en faveur duquel l'AIPS a toujours lutté de toutes ses forces. Le libre accès à l'information garantit la liberté d'expression, droit fondamental de tout citoyen. L'AIPS affirme qu'une information achetée ne peut être une information crédible.*

*Nous enjoignons toutes les institutions sportives à ne pas sombrer dans le travers du tout argent et à se joindre au combat de l'AIPS très attachée à la pluralité de l'information. »*

Dès 1975, sous la direction de Maurice Vidal, l'Union syndicale des journalistes sportifs français (USJSF) avait présenté un premier « Livre Blanc » qui évoquait « *Les déformations du sport et les responsabilités des journalistes* ». Ce premier essai devait faire date. Il sert encore souvent de référence tant au point de vue national qu'international, puisqu'il a été pris en compte par l'AIPS.

Outre la motion évoquée plus haut, l'USJSF récidivait en 1990 en sortant un nouvel opuscule : « *Indépendance du journalisme de sport et droit à l'information* ». En quinze ans, le document mis en place sous la présidence de René Espana ne peut que constater combien « *les conditions dans lesquelles les journalistes, quelle que soit leur forme d'expression, exercent leur profession se sont modifiés, parallèlement à l'évolution extrêmement spectaculaire du sport lui-même.* » Ces documents faisaient suite à la « *Déclaration des devoirs et des droits des journalistes* » adoptée à Munich, en 1971 et ne faisaient que souligner une notion de droit à l'information dû au public.

« *Le droit à l'information, à la libre expression et à la critique, est une des libertés fondamentales de tout être humain.* » Cette déclaration de Munich avait été adoptée par les représentants des fédérations de journalistes de la Communauté européenne et diverses associations de journalistes. Prétendre aujourd'hui que ce droit à l'information n'existe pas – le plus souvent pour ne pas avoir à le partager avec d'autres et pouvoir négocier une exclusivité profitable à des intérêts particuliers – c'est faire injure à la démocratie, même si plusieurs associations signataires de la « *Déclaration de Munich* » ne se gênent pas pour la contourner allègrement.

Or, ce droit du public à être informé et à connaître des opinions différentes doit conférer aux journalistes des garanties pour exercer leur profession en toute indépendance, mais il doit aussi leur imposer des devoirs, droits et devoirs que l'USJSF formule ainsi :

## Droits

1. Le journaliste revendique le libre accès à toutes les sources de l'information et le droit d'enquêter librement sur les faits qui déterminent l'actualité ou qui conditionnent la vie publique. Le secret d'une affaire relevant du fonctionnement ou de la gestion d'un club ou d'une fédération ne peut être opposé au journaliste qu'à titre exceptionnel et en vertu de motifs clairement exprimés.

D'autre part, un stade, un gymnase ou tout autre lieu accueillant un spectacle sportif est considéré comme un lieu public auquel le journaliste doit avoir libre accès dans l'exercice réel de la profession. C'est pourquoi les journalistes se sont organisés sur le plan national, comme sur le plan international, pour contrôler eux-mêmes, en accord avec les instances du mouvement sportif, l'attribution des accréditations qui doivent être réservées à des professionnels. Pour cette raison, le journaliste considère l'interdiction des vestiaires à la presse comme une entrave à la liberté du travail si elle n'est pas compensée par une autre possibilité (salle d'interview, conférence de presse).

2. Le journaliste ne peut être contraint à accomplir un acte professionnel ou à exprimer une opinion qui serait contraire à sa propre conviction ou à sa conscience.
3. Le journaliste a le droit de refuser toute pression extérieure qui serait contraire à la ligne générale de son entreprise. Il est seul juge de l'importance d'un fait d'actualité, de son traitement, de sa présentation et il peut même l'ignorer s'il le juge insignifiant pour l'intérêt des lecteurs, les auditeurs ou des téléspectateurs.
4. Le journaliste, en considération de sa fonction et de ses responsabilités, doit bénéficier de toutes les dispositions prévues à la Convention collective pour assurer sa sécurité matérielle et morale dans l'exercice d'une profession qui n'est pas sans danger, pour lui permettre d'actualiser ses connaissances par des stages ou cours de perfectionnement, pour lui attribuer une rémunération conforme au rôle social qui est le sien et suffisante pour garantir son indépendance économique.

## Devoirs

1. Écrire, dire, photographier, filmer la réalité, crier s'il faut la vérité, quels qu'en soient les risques.

2. Défendre farouchement et en toute conscience la liberté de l'information, du commentaire, de la critique. Et se mobiliser avec la profession et pour la profession, chaque fois qu'elle est menacée.
3. Vérifier les informations, leur source, leur authenticité avant publication et rectifier ce qui s'est avéré inexact, selon la loi et les usages de la presse.
4. S'interdire des méthodes déloyales pour obtenir des informations, photographies, films ou pour surprendre la bonne foi de quiconque.
5. Garder le secret professionnel sur les sources des informations et ne jamais dénoncer un informateur.
6. Proscrire le plagiat, la calomnie, la diffamation et les accusations sans fondement. Citer le confrère auquel on emprunte un texte ou une idée, une image (droit de citation) et ne pas solliciter un emploi au détriment d'un journaliste en place.
7. Respecter, dans le cadre de la loi, la vie privée et protéger l'intimité des athlètes et des dirigeants et de toute autre personne impliquée dans une information ou un commentaire.
8. Dissiper toute équivoque et toute confusion entre le rôle du journaliste et celui du porte-parole. Justifier la possession de la carte d'identité des journalistes professionnels en n'exploitant pas sa qualité, son nom ou sa notoriété à des fins commerciales ou lucratives en dehors de la profession.
9. Refuser les pressions, y compris sous la forme d'invitations souvent agréables mais compromettantes, n'accepter des directives et des consignes que des responsables reconnus de la rédaction et n'admettre que la juridiction de ses pairs, souverains en matière d'honneur professionnel.

10. S'engager à acquérir et, plus tard, à consolider des connaissances sur les thèmes et sujets à traiter, sur les disciplines sportives à juger et commenter, par des actions de formation et de perfectionnement ou par un travail personnel. Tout journaliste spécialisé doit se rendre crédible dans sa spécialité.

On l'aura compris, cette démarche éthique et humaniste des professionnels de la presse sportive vient heurter de front la logique du « tout argent » qui, depuis plusieurs décennies, menace de réduire le sport à une simple marchandise. Tout l'honneur de l'AIPS et des siens est justement de poursuivre le combat contre cette logique mortifère.

Mais, parallèlement à ce débat de fond, la vie interne de la maison AIPS continue. Ainsi, la France propose-t-elle, le 13 octobre 1997, deux motions. L'une limitant l'âge des membres du Comité exécutif à 65 ans, elle sera refusée. L'autre préconisant la mise en place d'une cotisation liée à l'association elle-même – comme c'était le cas dans les années 1960 – et non à un nombre déterminé de membres (dix cartes AIPS). Celle-ci sera acceptée. La cotisation est fixée à cent dollars par le Congrès de Montevideo en 1998. À ce même Congrès, la langue espagnole rejoignait le français et l'anglais comme langue officielle de l'AIPS, l'arabe, l'allemand et le russe restant des langues de travail.

De même, en 2002, à l'occasion du Congrès organisé à Athènes pour fêter le 50e anniversaire de l'association grecque, l'AIPS procède à un nouveau toilettage de ses statuts. La limitation à huit ans du mandat du président et quelques autres changements sont votés sans difficulté. En revanche, on bute, comme en 1997, sur la question de la limite d'âge. Même avec une barre fixée cette fois à 70 ans, la motion est repoussée par 37 voix contre 22. Il en va de même pour une proposition britannique préconisant l'organisation d'un Congrès tous les deux ans. Une démarche directement liée aux mésaventures de l'AIPS en 1999 et 2000. Car, en

1999, la ville marocaine de Marrakech avait fait faux-bond au dernier moment. On avait alors demandé à Belgrade, organisateur prévu pour 2000, de prendre en charge l'édition 1999 du Congrès. Mais le conflit armé en ex-Yougoslavie avait finalement eu raison de ce projet. Budapest, pour 1999, et Fortaleza, au Brésil, pour 2000, effectuèrent, au pied levé, de brillants remplacements.

En 1999 précisément et sur l'initiative de Jenö Boskovics, l'AIPS devait célébrer à Budapest les athlètes et les dirigeants du siècle. Après avoir été reçus au Parlement hongrois, les meilleurs athlètes du XXe siècle furent donc présentés à la foule lors d'une cérémonie organisée au théâtre Vigszinhaz. Les plus grands étaient présents : Jean-Claude Killy, Sawao Kato, Ferenc Puskas, Dawn Fraser, Alexandre Karelin, Kipchoge Keino, Laszlo Papp, Larissa Latinina, Li Ning, Naim Suleymanoglu, Antonio Samaranch et Michel Platini. Ce dernier reçu, d'ailleurs, symboliquement le trophée décerné à Jules Rimet, tandis que Jean-Claude Killy recevait, lui, celui du baron Pierre de Coubertin, ces deux figures historiques étant désignées meilleurs dirigeants du siècle.

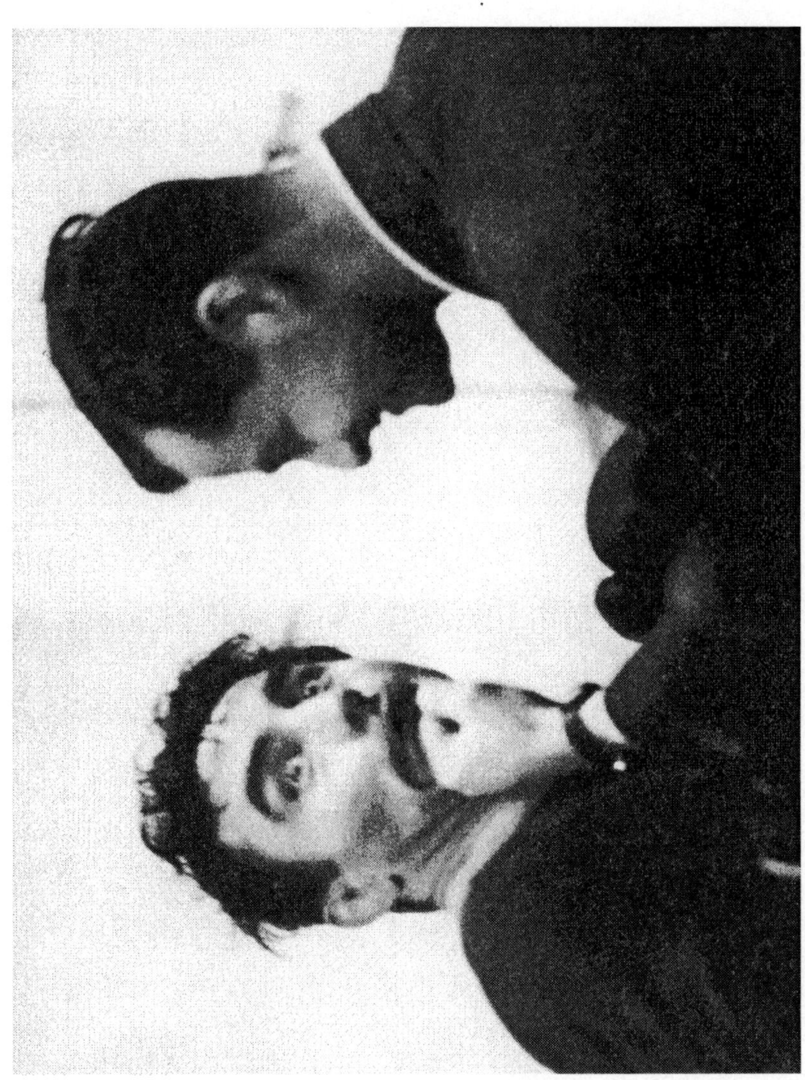

*Jenö Boskovics, membre actuel de l'exécutif de l'AIPS, met K-O. son compatriote Laszlo Papp qui fut trois fois champion olympique de boxe en 1948, 1952 et 1956.* (© Collection AIPS)

## *Conclusion*

*« Alors que le sport est soumis à l'incertitude, l'économie est au contraire avide de certitudes. »*

NOËL NEL

La télévision a sauvé le sport grâce à ses droits de retransmissions même si, paradoxalement, elle est en train de modifier en profondeur son essence même. Mais que serait le sport sans l'argent des grands « networks » ? Un chef-d'œuvre en péril qui aurait peur des lendemains qui déchantent. Où en seraient les Jeux olympiques sans ces fameux droits de télévision. Sans doute disparus, une fois encore, dans le tourbillon de la vie. Si en 1960, à Squaw Valley, les droits mondiaux n'étaient que de 50 000 dollars, il a fallu attendre le milieu des années 1980 pour que Juan Antonio Samaranch, à l'époque président du CIO, parvienne à convaincre les télévisions qu'elles pouvaient faire de l'argent avec le sport. C'est aussi dans ces années-là que sont nées les télévisions à péage gourmandes en exclusivité et en suspense pour attirer les abonnés. C'est le cas en France, pour Canal + qui monte alors en puissance grâce au sport et au cinéma.

Le succès des Jeux de Los Angeles, malgré l'absence d'une grande partie des sportifs du bloc de l'Est, est un révélateur. Plus question de mendier comme ce fut le cas des organisateurs des Jeux de Londres en 1948. À l'époque ils avaient demandé à la BBC de payer la somme de mille guinées (environ 3 000 dollars) pour obtenir l'autorisation de retransmettre les épreuves. Après les Jeux les patrons de la BBC en payant la somme demandée firent état de leurs difficultés financières. L'histoire assure que les organisateurs de Jeux de Londres n'encaissèrent jamais le chèque… Reste que le problème des droits avait été mis en place. Si les droits n'étaient que de 1,2 million de dollars à Rome et 1,5 million quatre ans plus tard à Tokyo, ils atteignent déjà un niveau appréciable, en 1984 à Los Angeles, avec 287 millions.

Rien à voir avec les droits d'aujourd'hui lorsqu'on sait que les Jeux d'hiver de Turin représentent 832 millions de dollars et ceux d'Athènes 1 482 millions. NBC et son patron Dick Ebersol ont fait monter les prix en 1995 en offrant à l'olympisme 3,5 milliards de dollars pour la période 2000-2008. Et ils ont continué en juin 2003, en donnant 2,201 millions de dollars pour les Jeux d'hiver de 2010 et d'été 2012.

Le sport, aujourd'hui, ne peut plus se passer des médias et l'olympisme n'est pas un cas isolé puisqu'il en va de même pour le football, le cyclisme, la formule 1, et tous les sports qui veulent faire l'actualité. Même chose pour le Super Bowl de football américain, seule finale sportive capable de toucher les 45 millions de foyers américains et 140 millions de téléspectateurs. Les réseaux CBS, ABC et de la Fox se partagent le droit de la finale qu'ils programment à tour de rôle. Un privilège qui coûte à l'heureux élu entre 500 à 600 millions de dollars annuellement. À lui de rentrer dans ses frais à grand coup de publicité. Dès lors, rien d'étonnant à ce que le prix du « spot de pub » ait grimpé de 450 % depuis 1967. D'après le *Wall Street Journal*, en 1982 les trente secondes de publicité coûtaient 324 000 dollars. Le même spot revenait à 1,9 million de dollars vingt ans plus tard après avoir atteint 2,2 millions en 2001.

Est-on allé trop loin ? Sans doute. Chaque épreuve aura-t-elle son prix que les télévisions et les sponsors ne voudront pas dépasser ? Le marché va probablement s'équilibrer de lui-même et seuls les meilleurs événements ou les plus cotés pourront rester sur le devant de la scène. Quant aux autres...

On le voit, après huit décennies d'une histoire passée à rassembler ses troupes afin de parler d'une même voix et de donner corps à une vision humaniste du sport, l'Association internationale de la presse sportive se trouve aujourd'hui confrontée à un défi redoutable. Car, désormais, ses valeurs fondatrices apparaissent de plus en plus souvent en contradiction avec l'évolution mercantile que quelques financiers sont déjà parvenus à imposer dans certains secteurs clés du monde du sport. La marge de manœuvre de l'AIPS est très étroite et de ce fait, n'avoir jamais songé à déposer les armes est tout à son honneur.

## Les présidents de l'AIPS

Frantz REICHEL (FRA) de 1924 à 1932
Victor BOIN (BEL) de 1932 à 1939 puis de 1945 à 1956
Henri SCHIHIN (SUI) de 1956 à 1964
Félix LEVITAN (FRA) de 1964 à 1973
Frank TAYLOR (GBR) de 1973 à 1977 puis de 1981 à 1993
Enrico CRESPI (ITA) de 1977 à 1981
Togay BAYATLI (TUR) de 1993 à 2005

## Les comités exécutifs de l'AIPS

1924-1928. Président : Frantz Reichel (FRA) ; vice-présidents : Victor Boin (BEL), André Glarner (GBR) ; Tosaku Kinoshita (JPN), Erik Pallin (SWE) ; secrétaire général : Georges Bruni (FRA) ; secrétaire général adjoint : Henryk Szatkowski (POL) ; trésorier : Th. Lesturgeon (NED) ; membres : Wilfredo Cazo (ARG), Albert Mestag (BEL), Tchavdar Stotoiloff (BUL), William H. Ingram (CAN), Orlando de Simeros (CUB), Vilem Heinz (CZE), Vaucher (EGY), Narciso Masferrer (ESP), Fabio Orlandini (ITA), Bob Sighetokou (JPN), Peter Christian Andersen (NOR), Janusz Smogorzewski (POL), Paulo Osorio (POR), Keppich (ROM), Torsten Tegner (SWE).

1928-1932. Président : Frantz Reichel (FRA) puis à sa mort le 24 mars 1932 par Émile Andersen (DEN) ; Vice-présidents : Kurt Doerry (GER), Émile Andersen (DEN) jusqu'au 24 mars 1932, G. Vadas

(HUN), Tosaku Kinoshita (JPN) ; secrétaire général : Émile-Georges Drigny (FRA) ; secrétaire général adjoint : Tom Topping (USA) ; Trésorier : Th. Lesturgeon (NED) ; membres : Victor Boin (BEL), Léon Hautekeet (BEL), William H. Ingran (CAN), Narciso Masferrer (ESP), John Lochmer (USA).

1932-1936. Président : Victor Boin (BEL) ; vice-présidents : Kurt Doerry (GER), Émile-Georges Drigny (FRA), G. Vadas (HUN), Jan Hauptmann (POL) ; secrétaire général : Marcel Dupuis (BEL) ; secrétaire général adjoint : Aloïs Janssens (BEL) ; trésorier : Charles Denis (FRA) puis Julien Monteyne (BEL) en 1933 ; Membres : William H. Ingran (CAN), André Glarner (GBR), Tom Topping (USA), Alphonse Braun (LUX) ; A. Janssens (NED), puis Jan Feith (NED) en 1933.

1936-1939. Président : Victor Boin (BEL) ; vice-présidents : Hans Bollmann (GER), Émile-Georges Drigny (FRA), Michael Mamusich (HUN), Jan Hauptmann (POL) ; secrétaire général : Aloïs Janssens (BEL) ; secrétaire général adjoint : Alphonse Braun (LUX) ; trésorier : Julien Monteyne (BEL) ; Membres : Kurt Doerry (GER), Fernand Germain (BEL), Oskar Lovi (EST), Vilmos Somogyi (HUN), Emilio Colombo (ITA), Peter Strengholt (NED), Aleksander Szenajh (POL), Papagheorghe (ROM), Edward Kleiner (SUI), Hrvoje P. Macanovic (YUG), M. Hauptmann (CZE).
Au début du Deuxième Conflit mondial en 1939, le comité exécutif de l'AIPS est suspendu.

1945-1948. Bureau provisoire mis en place à l'issue de la Deuxième Guerre mondiale. Président : Victor Boin (BEL) ; vice-président : Marcel Reichel (FRA) ; secrétaire général : Victor Breyer (FRA).

1948-1952. Président : Victor Boin (BEL) ; vice-présidents : Marcel Reichel (FRA), Harry England (GBR), Émile Goebel (LUX), Herman Levy (NED), Henri Schihin (SUI) ; secrétaire général : Antoine Herbauts (BEL) ; Trésorier : Jean Herdies (BEL) ; Membres : Fernand Germain (BEL), Vermon Morgan (GBR), Renato Casalbore (ITA), puis Bruno Roghi (ITA) à la suite de la mort du premier dans l'accident d'avion de Superga le 5 mai 1949, Max Ehinger (SUI), Paul Brewitz (SWE).

1952-1956. Président : Victor Boin (BEL) ; vice-présidents : William Mc Gowran (GBR), Bruno Roghi (ITA), Émile Goebel (LUX), Paul Brewitz (SWE), Henri Schihin (SUI) ; secrétaire général : Antoine Herbauts (BEL) ; trésorier : Jean Herdies (BEL) ; membres : Eugen Wagener (FRG), Mohamed Shemais (EGY), Enzio Sevon (FIN), Marcel Reichel (FRA), Herman Levy (NED).

1956-1960. Président : Henri Schihin (SUI) ; vice-présidents : Eugen Wagener (FRG), William Mc Gowran (GBR), Bruno Roghi (ITA), Émile Goebel (LUX), Paul Brewitz (SWE) ; secrétaire général : Max Ehinger (SUI) ; trésorier : Licinio Valsangiacomo (SUI) ; membres : Florent Van Eeckelenn (BEL) ; Enzio Sevon (FIN), Leone Boccali (ITA), Sverre Fodstad (NOR), Herman Levy (NED) puis Jan Cottaar (NED) à la mort de Levy en 1959.

1960-1964. Président : Henri Schihin (SUI) ; 1er vice-président : Félix Lévitan (FRA) ; vice-présidentes : Bruno Roghi (ITA) puis Sven Ekström (SWE) en 1962, Jan Cottaar (NED), Pietr Sobolev (URS) ; secrétaire général : Max Ehinger (SUI) ; trésorier : Licinio Valsangiacomo (SUI).

1964-1968. Président : Félix Lévitan (FRA) ; 1er vice-président : Pietr Sobolev (URS) ; vice-présidents : Jan Cottaar (NED), Ramon Melcon (ESP), Stig Häggblom (FIN) ; secrétaire général : Antoine Herbauts (BEL) ; secrétaire général adjoint : Istvan Szombathy (HUN).

1968-1973. Président : Félix Lévitan (FRA) ; 1er vice-président : Pietr Sobolev (URS) puis Stig Häggblom à la mort du Soviétique en 1972 ; vice-présidents : Josef Strabl (AUT), Jan Cottaar (NED) puis Jörg Stokinger (FRG) à la démission du Hollandais en 1971, Stig Häggblom (FIN) puis Nikolai Kisselev (URS) lors de l'élection du Finlandais comme 1er vice-président en 1972 ; vice-président pour l'Amérique latine : Salvador Gonzalez Ruz (MEX) puis Emilio Colella (BRA) en 1971 ; secrétaire général : Antoine Herbauts (BEL) ; secrétaire général adjoint : Istvan Szombathy (HUN).

À la suite du Congrès de Dubrovnik en 1970 Lucien Tshimpumpu (ZAI) est coopté comme vice-président pour le continent africain.

1973-1977. Président : Frank Taylor (GBR) ; 1er vice-président : Nikolai Kisselev (URS) ; secrétaire général : Bobby Naidoo (GBR) ; secrétaire général adjoint : Istvan Szombathy (HUN) ; vice-président délégué : Antoine Herbauts (BEL) ; vice-présidents : Jörg Stokinger (FRG), José Maria Lorente (ESP), Maurice Vidal (FRA) ; vice-président pour l'Afrique : Lucien Tshimpumpu (ZAI) ; membres : Luigi Chierici (ITA), Aurel Neagu (ROM), Ove Karlsson (SWE), Martin Furgler (SUI). Au Congrès de 1976, à Mexico, Abdelmajid Noaman (EGY) remplace Lucien Tshimpumpu comme vice-président pour l'Afrique. À ce même congrès sont appointés trois vice-présidents : Mauro Pinheiro (BRA) pour l'Amérique latine, Antonio Mora Hurtado (MEX) pour l'Amérique du Nord et Robert Tsyushi Miyakawa (JPN) pour l'Asie.

1977-1981. Président : Enrico Crespi (ITA) ; 1er vice-président : Nikolai Kisselev (URS) ; secrétaire général : Massimo della Pergola (ITA) ; secrétaire général adjoint : Istvan Gyulai (HUN) ; vice-présidents élus : José Maria Lorente (ESP), Matti Salmenkyla (FIN), Maurice Vidal (FRA) ; vice-présidents pour les sections continentales – Afrique : Abdelmajid Noaman (EGY), Amérique latine : Mauro Pinheiro (BRA), Amérique du Nord : Antonio Mora Hurtado (MEX), Asie : Robert Tsyushi Miyakawa (JPN), Europe : Frank Taylor (GBR) ; Membres : Robert Steph Malonga (COG), Aurel Neagu (ROM), Ove Karlsson (SWE), Kahraman Bapcum (TUR).

Au Congrès de Split, en 1978, Robert Steph Malonga devient vice-président représentant l'Afrique en remplacement d'Abdelmajid Noaman. Pedro Valdes (ARG) prend la succession de Mauro Pinheiro à la vice-présidence pour l'Amérique latine qui se transforme en confédération panaméricaine. En 1979, c'est le tour de Pedro Valdes d'être remplacé par Armando Moncada (COL) à la Confédération panaméricaine. Un an plus tard au congres de Baden-Baden Hector Troyano Guzman (COL) se substitue à son compatriote Armando Moncada.

1981-1985. Président : Frank Taylor (GBR) ; 1er vice-président : Nikolai Kisselev (URS) ; secrétaire général : Massimo della Pergola (ITA) ;

secrétaire général adjoint : Istvan Gyulai (HUN) ; vice-présidents : Matti Salmenkyla (FIN), Maurice Vidal (FRA), Abelardo Raidi (VEN) ; membres élus : Adolf Bauer (FRG), Robert Steph Malonga (COG), Aurel Neagu (ROM), Togay Bayatli (TUR) ; membres pour les sections continentales – Asie : Abdul Muhsen Al-Hussaini (KUW) ; Europe : Edward Wozniak (POL) puis Mme Pat Besford (GBR) en juin 1981, elle-même remplacée par Elie Sporidis (GRE) en 1982. À la mort de Nikolaï Kisselev fin juin 1981 le poste reste vacant jusqu'au Congrès d'Athènes en 1982.

En Grèce Maurice Vidal (FRA) devient 1er vice-président tandis que Boris Makrousov (URS) se place à la vice-présidence. En 1983, Mohamed Meddeb (TUN) est coopté comme membre représentant l'Afrique. En 1984, Boris Makrousov démissionne et est remplacé à la vice-présidence par Viacheslav Gavrilin (URS).

1985-1989. Président : Frank Taylor (GBR) ; 1er vice-président : Viacheslav Gavrilin (URS) ; secrétaire général : Massimo della Pergola (ITA) ; secrétaire général adjoint : Istvan Gyulai (HUN) ; vice-présidents : Maurice Vidal (FRA), Abdul Muhsen Al-Hussaini (KUW), Togay Bayatli (TUR), Abelardo Raidi (VEN) ; membres : Adolf Bauer (FRG), Robert Steph Malonga (COG), Kwang-sik Cho (KOR), Zhong Yuan Wu (CHN), Matti Salmenkyla (FIN), Aurel Neagu (ROM) ; représentants continentaux – Afrique : Mohamed Meddeb (TUN), Amériques : Vinicius Coelho dos Santos (BRA), Asie : Dhia Abdul Razzak Hassan (IRQ), Europe : Elie Sporidis (GRE).

Au Congrès de Kinshasa en 1988, le Grec Elie Sporidis devient vice-président en remplacement de Maurice Vidal démissionnaire ; Mick Michels (BEL) remplace Elie Sporidis comme membre représentant l'Europe tandis que Mario Derrico (BRA) prend la place de son compatriote Vinicius Coelho dos Santos comme représentant des Amériques.

1989-1993. Président : Frank Taylor (GBR) ; 1er vice-président : Viacheslav Gavrilin (URS) ; secrétaire général : Istvan Gyulai ; secrétaire général adjoint : Matti Salmenkyla (FIN) ; trésorier : poste vacant ; vice-présidents : Robert Steph Malonga (COG), Massimo della Per-

*Jenö Boskovics en compagnie d'Alain Lunzenfichter (à gauche) remet un trophée à Ferenc Puskas (au centre), l'un des plus grands footballeurs de l'histoire.* (© Collection AIPS)

gola (ITA), Abdul Muhsen Al-Hussaini (KUW), Carl-Gustaf Stenfeldt (SWE), Togay Bayatli (TUR) ; membres : George Gross (CAN), Kap Chul Park (KOR), Zhong Yuan Wu (CHN), Andres Merce Varela (ESP), Charles Camenzuli (MLT), Lat. Ogunmade (NGR) ; représentants continentaux – Afrique : Antoine Lobe (CAM), Amériques : Abelardo Raidi (VEN), Asie : Dhia Abdul Razzak Hassan (IRQ), Europe : Elie Sporidis (GRE).

En 1990, à Toronto, Togay Bayatli (TUR) devient 1er vice-président en remplacement de Viacheslav Gavrilin démissionnaire. Abelardo Raidi (VEN) est élu vice-président à la place laissée libre par Togay Bayatli. Max Pusterla (SUI) est élu au poste de trésorier vacant alors que Jorge Hernan Cereghetti (ARG) se substitue à Aberlado Raidi comme représentant du continent américain. En 1991, au Congrès de Nicosie, Mohamed Meddeb (TUN) remplace Antoine Lobe (CAM) comme représentant le continent africain alors que Yusof Yamaludin (MAL) prend la place de Dhia Abdul Razzak Hassan (IRQ) comme représentant de l'Asie. Au congrès de Budapest en 1992, la démission d'Istvan Gyulai du poste de secrétaire général entraîne la mise en place de Matti Salmenkyla (FIN) comme secrétaire par intérim et Tamas Gyarfas (HUN) comme secrétaire général adjoint par intérim. Jean Gilbert Foutou (COG) remplace Mohamed Meddeb comme représentant de l'Afrique.

1993-1997. Président : Togay Bayatli (TUR) ; 1er vice-président : Carl-Gustaf Stenfeldt (SWE) ; secrétaire général : Matti Salmenkyla (FIN) ; secrétaire général adjoint : Tamas Gyarfas (HUN) ; trésorier : Charles Camenzuli (MLT) ; vice-présidents : Karl-Heinz Cammann (GER), George Gross (CAN), Robert Steph Malonga (COG) ; Park Kap Chul (KOR), Elie Sporidis (GRE) ; membres : George Das (MAL), Shyam Sundar Ghosh (IND), Zhong Yuan Wu (CHN) puis Juan Facuse Heresi (CHI) en 1994, Alain Lunzenfichter (FRA), Faisal M. Al-Qanai (KUW), Andres Mercé Varela (ESP) ; représentants continentaux – Afrique : Hegaud Ouattara (IVC) puis Amor Ghouila en 1994 puis Fan Ndubuoke (NGR) en 1996 ; Amériques : Jorge Hernan Cereghetti (ARG) ; Asie : Yusof Yamaludin (MAL) puis Johnson Fernandez (MAL) en 1995 ; Europe : Mick Michels (BEL), puis Gianni Merlo (ITA) en 1994.

1997-2001. Président : Togay Bayatli (TUR) ; 1er vice-président : Alain Lunzenfichter (FRA) ; secrétaire général : Matti Salmenkyla (FIN) ; secrétaire général adjoint : Jenö Boskovics (HUN) ; trésorier : Charles Camenzuli (MLT) ; vice-présidents : Carl-Heinz Cammann (GER), Jorge Hernan Cereghetti (ARG), George Gross (CAN), Park Kap Chul (KOR), Elie Sporidis (GRE), membres : Nikolaï Dolgopolov (RUS) ; Juan Facuse Heresi (CHI), Faisal M. Al-Qanai (KUW) ; He Huixian (CHN) ; Faouzi Omar (MAL) ; le Kenyan Makori Elias (KEN) ; Représentants continentaux : Afrique : Fan Ndubuoke (NGR) jusqu'à la suspension du continent africain en 1999 ; Amériques : Carlos Garcia (CAN) ; Asie : George Das (MAL) ; Europe : Gianni Merlo (ITA) puis Leif Nilson (SWE) en 1998.

2001-2005. Président : Togay Bayatli (TUR) ; 1er vice-président : Alain Lunzenfichter (FRA) ; secrétaire général : Charles Camenzuli (MLT) ; secrétaire général adjoint : Trevor Bond (GBR) ; trésorier : Jenö Boskovics (HUN) ; vice-présidents : Nikolaï Dolgopolov (RUS), Juan Facuse Heresi (CHI), Carlos Garcia (CAN), Park Kap Chul (KOR), Yannis Theodorakopoulos (GRE) ; membres : Faisal Al-Qanai (KUW) ; Tharcisse Harerimana (BUR), He Huixian (CHN), Erich Laaser (GER), Anderson Maia Nogueira (BRA), Manoucher Zandi (IRI) ; Représentants continentaux : Afrique : continent suspendu, Amériques : Jorge Hernan Cereghetti (ARG) puis Hugo Alberto Lencina (ARG) en 2003, Asie : George Das (MAL), Europe : Leif Nilson (SWE).

## Les membres du comité exécutif de l'AIPS (1924-2004)

AL-HUSSAINI Abdul Muhsen (KUW)
Membre pour l'Asie : 25/04/1981 au 29/04/1985
Vice-président : 29/04/1985 au 09/05/1993
Membre honoraire : 09/05/1993

AL-QANAI Faisal M. (KUW)
Membre depuis le 09/05/1993

ANDERSEN Émile (DEN)
Vice-président : 05/08/1928 au 26/06/1936

ANDERSEN Peter Christian (NOR)
Membre : 03/07/1924 au 05/08/1928

BAPCUM Kahraman (TUR)
Membre : 21/04/1977 au 25 avril 1981

BAUER Adolf (GER)
Membre : 25/04/1981 au 16/05/1989

BAYATLI Togay (TUR)
Membre : 25/04/1981 au 29/04/1985
Vice-président : 29/04/1985 au 22/05/1990
1er vice-président : 22/05/1990 au 09/05/1993
Président depuis le 09/05/1993

BESFORD Pat (GBR)
Membre pour l'Europe : 01/10/1981 au 10/06/1982

BOCCALI Leone (ITA)
Membre : 25/01/1956 au 19/03/1960

BOLLMANN Hans (GER)
Vice-président : 31/07/1936 au 31/08/1939

BOIN Victor (BEL)
Vice-président : 03/07/1924 au 05/08/1928
Membre : 05/08/1928 au 26/06/1932
Président : 26/06/1932 au 31/08/1939
Président : 01/12/1945 au 25/01/1956
Président honoraire : 25/01/1956 au 31/03/1974

BOND Trevor (GBR)
Secrétaire Général adjoint depuis le 25/05/2001

BOSKOVICS Jenö (HUN)
Secrétaire général adjoint : 18/05/1997 au 25/05/2001
Trésorier depuis le 25/05/2001

BRAUN Alphonse (LUX)
Membre : 26/06/1932 au 31/07/1936
Vice-président : 31/07/1936 au 31/08/1939

BREYER Victor (FRA)
Secrétaire général : 01/12/1945 au 11/08/1948

BREWITZ Paul (SWE)
Membre : 11/08/1948 au 30/07/1952
Vice-président : 30/07/1952 au 19/03/1960
Membre honoraire : 19/03/1960 au 18/09/1972

BRUNI Georges (FRA)
Secrétariat général : 03/07/1924 au 05/08/1928

CAMENZULI Charles (MLT)
Membre : 16/05/1989 au 09/05/1993
Trésorier : 09/05/1993 au 25/05/2001
Secrétaire général depuis le 25/05/2001

CAMMANN Karl-Heinz (GER)
Vice-président : 09/05/1993 au 25/05/2001
Membre honoraire depuis le 25/05/2001

CASALBORE Renato (ITA)
Membre : 11/08/1948 au 05/05/1949

CAZO Wilfredo (ARG)
Membre : 03/07/1924 au 05/08/1928

CEREGHETTI Jorge Hernan (ARG)
Membre pour les Amériques : 22/05/1990 au 18/05/1997
Vice-président : 18/05/1997 au 25/05/2001
Membre pour les Amériques : 25/05/2001 au 28/05/2003

COELHO DOS SANTOS Vinicius (BRA)
Membre pour les Amériques : 29/04/1985 au 07/05/1988

COLELLA Emilio (BRA)
Vice-Président pour l'Amérique latine : 07/05/1971 au 04/05/1973

COLOMBO Emilio (ITA)
Membre : 31/07/1936 au 31/08/1938

COTTAAR Jan (NED)
Membre : 06/05/1959 au 13/03/1960
Vice-président : 19/03/1960 au 07/05/1971
Membre honoraire : 07/05/1971 au 24/07/1984

CRESPI Enrico (ITA)
Président : 21/05/1977 au 25/04/1981
Membre honoraire depuis le 25/04/1981

CHIERICI Luigi (ITA)
Membre : 04/05/1973 au 21/05/1977

CHO Kwang-sik (KOR)
Membre : 29/04/1985 au 16/05/1989

DAS George (MAL)
Membre : 09/05/1993 au 18/05/1997
Membre pour l'Asie depuis le 18/05/1997

DELLA PERGOLA Massimo (ITA)
Secrétaire général : 21/05/1977 au 16/05/1989
Vice-président : 16/05/1989 au 09/05/1993
Secrétaire général honoraire depuis le 09/05/1993

DENIS Charles (FRA)
Trésorier : 26/06/1932 au 03/06/1933

DERRICO Mario (BRA)
Membre pour les Amériques : 07/05/1988 au 16/05/1989

DE SIMEROS Orlando (CUB)
Membre : 03/07/1924 au 05/08/1928

DOERRY Kurt (GER)
Vice-président : 05/08/1928 au 31/07/1936
Membre : 31/07/1936 au 31/08/1938

DOLGOPOLOV Nikolaï (RUS)
Membre 18/05/1997 au 25/05/2001
Vice-président depuis le 25/05/2001

DRIGNY Émile-Georges (FRA)
Secrétaire général : 05/08/1928 au 26/06/1932
Vice-président : 26/06/1932 au 31/08/1939

DUPUIS Marcel (BEL)
Secrétaire général : 26/06/1932 au 31/07/1936

EHINGER Max (SUI)
Membre : 11/08/1948 au 30/07/1957
Secrétaire général : 25/01/1956 au 15/05/1964
Membre honoraire : 15/05/1964 au 10/10/1974

ENGLAND Harry (GBR)
Vice-président : 11/08/1948 au 30/07/1952

EKSTRÖM Sven (SWE)
Vice-président : 07/04/1962 au 04/05/1973

FACUSE HERESI Juan (CHI)
Membre : 30/04/1994 au 25/05/2001
Vice-président depuis le 25/05/2001

FAOUZI Omar (MAL)
Membre : 18/05/1997 au 25/05/2001

FEITH Jan (NED)
Membre : 03/061933 au 31/07/1936

FERNANDEZ Johnson (MAL)
Membre pour l'Asie : 30/04/1995 au 18/05/1997

FODSTAD Sverre (NOR)
Membre : 25/01/1956 au 19/03/1960

FOUTOU Jean Gilbert (COG)
Membre pour l'Afrique : 02/05/1992 au 09/05/1993

FÜRGLER Martin (SUI)
Membre : 04/05/1973 au 21/05/1977

GARCIA Carlos (CAN)
Membre pour l'Amérique : 18/05/1997 au 25/05/2001
Vice-président depuis le 25/05/2001

GAVRILIN Viacheslav (URS)
Vice-président : 05/05/1984 au 29/04/1985
1er vice-président : 29/04/1985 au 22/05/1990

GERMAIN Fernand (BEL)
Membre : 31/07/1936 au 31/08/1939
Membre : 11/08/1948 au 30/07/1952

GHOUILA Amor (TUN)
Membre pour l'Afrique : 30/04/1994 au 29/03/1996

GLARNER André (GBR)
Vice-président : 03/07/1924 au 05/08/1928
Membre : 26/06/1932 au 31/07/1936

GOEBEL Émile (LUX)
Vice-président : 11/08/1948 au 19/03/1960
Membre honoraire : 19/03/1960 au 16/03/1974

GONZALEZ RUZ Salvador (MEX)
Vice-président pour l'Amérique latine : 05/05/1968 au 07/05/1971

GOSH Shyam Sundar (IND)
Membre : 09/05/1993 au 18/05/1997

GROSS George (CAN)
Membre : 16/05/1989 au 09/05/1993
Vice-président : 09/05/1993 au 25/05/2001
Membre honoraire depuis le 25/05/2001

GYARFAS Tamas (HUN)
Secrétaire général adjoint intérim : 02/05/1992 au 09/05/1993
Secrétaire général adjoint : 09/05/1993 au 18/05/1997

GYULAI Istvan (HUN)
Secrétaire général adjoint : 21/05/1977 au 16/05/1989
Secrétaire général : 16/05/1989 au 02/05/1992
Membre honoraire depuis le 09/05/1993

HARERIMANA Tharcisse (BUR)
Membre depuis le 25/05/2001

HAUPTMANN Jean (POL)
Vice-président : 26/06/1932 au 31/08/1939

HAUPTMANN M. (CZE)
Membre : 31/07/1936 au 31/08/1939

HAUTEKEET Léon (BEL)
Membre : 05/08/1928 au 26/06/1932

HÄGGBLOM Stig (FIN)
Vice-président : 15/05/1964 au 28/04/1972
1er vice-président : 28/04/1972 au 04/05/1973
Membre honoraire depuis le 04/05/1973

HE Huixian (CHN)
Membre depuis le18/05/1997

HEINZ Vilem (CZE)
Membre : 03/07/1924 au 05/08/1928

HERBAUTS Antoine (BEL)
Secrétaire général : 11/08/1948 au 25/01/1956
Secrétaire général : 15/05/1964 au 04/05/1973
Vice-président délégué : 04/05/1973 au 21/05/1977
Membre honoraire : 25/04/1981 au 10/01/1997

HERDIES Jean (BEL)
Trésorier : 11/08/1948 au 25/01/1956

INGRAM William H. (CAN)
Membre : 03/07/1924 au 31/07/1936

JANSSENS Aloïs (BEL)
Secrétaire général adjoint : 26/06/1932 au 31/07/1936
Secrétaire général : 31/07/1936 au 31/08/1938

JANSSENS A. (NED)
Membre : 26/06/1932 au 03/06/1933

KARLSSON Ove (SWE)
Membre : 04/05/1973 au 25/04/1981

KEPPICH (ROM)
Membre : 03/07/1924 au 05/08/1928

KINOSHITA Tosaku (JPN)
Vice-président : 03/07/1924 au 26/06/1932

KISSELEV Nikolaï (URS)
Vice-président : 28/04/1972 au 04/05/1973
1er vice-président : 04/05/1973 au 29/06/1981

KLEINER Edward (SUI)
Membre : 31/07/1936 au 31/08/1939

LAASER Erich (GER)
Membre depuis le 25/05/2001

LENCINA Hugo Alberto (ARG)
Membre pour l'Amérique depuis le 28/05/2003

LESTURGEON Th. (NED)
Trésorier : 03/07/1924 au 26/06/1932

LEVITAN Félix (FRA)
1er vice-président : 19/03/1960 au 15/05/1964
Président : 15/05/1964 au 04/05/1973
Président honoraire depuis le 04/05/1973

LEVY Herman (NED)
Vice-président : 11/08/1948 au 30/07/1952
Membre : 30/07/1952 au 15/03/1959

LOBE Antoine (CAM)
Membre pour l'Afrique : 16/05/1989 au 20/04/1991

LOVI Oskar (EST)
Membre : 31/07/1936 au 31/08/1939

LOCHMER John (USA)
Membre 05/08/1924 au 26/06/1932

LORENTE José Maria (ESP)
Vice-président : 04/05/1973 au 25/04/1981
Membre honoraire depuis le 07/05/1988

LUNZENFICHTER Alain (FRA)
Membre : 09/05/1993 au 18/05/1997
1er vice-président depuis le 18/05/1997

MC GOWRAN William (GBR)
Vice-président : 30/07/1952 au 19/03/1960
Membre honoraire depuis le 19/03/1960

MACANOVIC Hrvoje P. (YUG)
Membre : 31/07/1936 au 31/08/1939

MAKORI Elias (KEN)
Membre : 18/05/1997 au 25/05/2001

MAKROUSOV Boris (URS)
Vice-président : 10/06/1982 au 05/05/1984

MALONGA Robert Steph (COG)
Membre : 21/05/1977 au 10/11/1978
Vice-président pour l'Afrique : 10/11/1978 au 25/04/1981
Membre : 25/04/1981 au 16/05/1989
Vice-président : 16/05/1989 au 18/05/1997

MAMUSICH Michael (HUN)
Vice-président : 31/07/1936 au 31/08/1939

MASFERRER Narciso (ESP)
Membre : 03/07/1924 au 26/06/1932

MEDDEB Mohamed (TUN)
Membre pour l'Afrique : 05/05/1983 au 16/05/1989
Membre pour l'Afrique : 20/04/1991 au 02/05/1992

MELCON Ramon (ESP)
Vice-président : 15/05/1964 au 05/05/1968

MERCE VARELA Andrés (ESP)
Membre : 16/05/1989 au 18/05/1997
Membre honoraire depuis le 18/05/1997

MERLO Gianni (ITA)
Membre pour l'Europe : 30/04/1994 au 28/03/1998

MESTAG Albert (BEL)
Membre : 03/07/1924 au 05/08/1928

MICHELS Mick (BEL)
Membre pour l'Europe : 07/05/1988 au 16/05/1989
Membre pour l'Europe : 09/05/1993 au 30/04/1994

MIYAKAWA Robert T. (JPN)
Vice-président pour l'Asie : 11/04/1976 au 25/04/1981
Membre honoraire depuis le 18/05/1997

MONCADA Armando (COL)
Vice-président pour la confé panaméricaine : 28/05/1979 au 10/04/1980

MONTEYNE Julien (BEL)
Trésorier : 03/06/1933 au 31/08/1939

MORA Antonio (MEX)
Vice-président pour l'Amérique du Nord : 11/04/1976 au 25/04/1981

MORGAN Vernon (GBR)
Membre : 11/08/1948 au 30/07/1952

NAIDOO Bobby (GBR)
Secrétaire général : 04/05/1973 au 21/05/1977

NDUBUOKE Fan (NGR)
Membre pour l'Afrique : 29/03/1996 au 15/12/1999

NEAGU Aurel (ROM)
Membre : 04/05/1973 au 16/05/1989
Membre honoraire : 16/05/1989 au 10/07/1995

NILSSON Leif (SWE)
Membre pour l'Europe depuis le 28/03/1998

NOAMAN Abdelmajid (EGY)
Vice-président pour l'Afrique : 11/04/1976 au 10/11/1978

NOGUEIRA Aderson Maia (BRA)
Membre depuis le 25/05/2001

ORLANDINI Fabio (ITA)
Membre : 03/07/1924 au 05/08/1928

OGUNMADE Lat (NGR)
Membre : 16/05/1989 au 09/05/1993

OSORIO Paulo (POR)
Membre : 03/07/1924 au 05/08/1928

OUATTARA Hegaud (IVC)
Membre pour l'Afrique : 09/05/1993 au 30/04/1994

PALLIN Erik (SWE)
Vice-président : 05/07/1924 au 05/08/1928

PAPAGHEORGHE (ROM)
Membre : 31/07/1936 au 31/08/1939

PARK Kap-chul (KOR)
Membre : 16/05/1989 au 09/05/1993
Vice-président depuis le 09/05/1993

PINHEIRO Mauro (BRA)
Vice-président pour l'Amérique latine : 11/04/1976 au 10/11/1978

PUSTELA Max (SUI)
Trésorier : 22/05/1990 au 09/05/1993

RAIDI Abelardo (VEN)
Vice-président : 25/04/1981 au 16/05/1989
Membre pour l'Amérique : 16/05/1989 au 22/05/1990
Vice-président : 22/05/1990 au 09/05/1993
Membre honoraire : 09/05/1993 au 27/01/2002

RAZZAK HASSAN Dhia Abdul (IRQ)
Membre pour l'Asie : 29/04/1985 au 20/04/1991

REICHEL Frantz (FRA)
Président : 03/07/1924 au 24/03/1932

REICHEL Marcel (FRA)
Vice-président : 01/12/1945 au 30/07/1952
Membre : 30/07/1952 au 25/01/1956

ROGHI Bruno (ITA)
Membre : 12/03/1951 au 30/07/1952
Vice-président : 30/07/1952 au 01/02/1962

SALMENKYLA Matti (FIN)
Vice-président : 21/05/1977 au 29/04/1985
Membre : 29/04/1985 au 16/05/1989
Secrétaire général adjoint : 16/05/1989 au 02/05/1992
Secrétaire général intérimaire : 02/05/1992 au 09/05/1993
Secrétaire général : 09/05/1993 au 25/05/2001
Secrétaire général honoraire au vie depuis le 25/05/2001

SCHIHIN Henri (SUI)
Vice-président : 11/08/1948 au 25/01/1956
Président : 25/01/1956 au 15/05/1964
Président honoraire depuis le 15/05/1964

SEVON Enzio (FIN)
Membre : 30/07/1952 au 19/03/1960

SHEMAIS Mohamed (EGY)
Membre : 30/07/1952 au 25/01/1956

SIGHETOKOU Bob (JPN)
Membre : 03/07/1924 au 05/08/1928

SMOGORZEWSKI Janusz (POL)
Membre : 03/07/1924 au 05/08/1928

SOBOLEV Pietr (URS)
Vice-président : 19/03/1960 au 15/05/1964
1er vice-président : 15/05/1964 au 28/04/1972

SOMOGYI Vilnos (HUN)
Membre : 31/07/1936 au 31/08/1938

SPORIDIS Elie (GRE)
Membre pour l'Europe : 10/06/1982 au 07/05/1988
Vice-président : 07/05/1988 au 16/05/1989
Membre pour l'Europe : 16/05/1989 au 09/05/1993
Vice-président : 09/05/1993 au 25/05/2001
Membre honoraire depuis le 25/05/2001

STENFELDT Carl-Gustav (SWE)
Vice-président : 16/05/1989 au 09/05/1993
1er vice-président : 09/05/1993 au 18/05/1997
Membre honoraire depuis le 18/05/1997

STOKINGER Jörg (FRG)
Vice-président : 07/05/1971 au 21/05/1977

STOTOILOFF Tchavdar (BUL)
Membre : 03/07/1924 au 05/08/1928

STRABL Josef (AUT)
Vice-président : 15/05/1968 au 04/05/1973
Membre honoraire depuis le 04/05/1973

STRENGHOLT Peter (NED)
Membre : 31/07/1936 au 31/08/1939

SZATKOWSKI Henryk (POL)
Secrétaire général adjoint : 03/07/1924 au 05/08/1928

SZENAJH Aleksander (POL)
Membre : 31/07/1936 au 31/08/1939

SZOMBATHY Istvan (HUN)
Secrétaire général adjoint : 15/05/1964 au 21/05/1977
Membre honoraire depuis le 25/04/1981

TAYLOR Frank (GBR)
Président : 04/05/1973 au 21/05/1977
Vice-président pour l'Europe : 21/05/1977 au 25/04/1981
Président : 25/04/1981 au 09/05/1993
Président honoraire au vie : 09/05/1993 au 18/07/2002

TEGNER Torsten (SWE)
Membre : 03/07/1924 au 05/08/1928
Membre honoraire : 29/03/1974 au 10/06/1977

THEODORAKOPOULOS Yannis (GRE)
Vice-président depuis le 25/05/2001

*Deux grandes figures de l'AIPS, le Roumain Aurel Neagu et le Japonais Robert Miyakawa qui fut à l'origine du ticketing aux Jeux olympiques.* (© Collection AIPS)

TOPPING Tom (USA)
Secrétaire général adjoint : 05/08/1928 au 26/06/1932
Membre : 26/06/1932 au 31/07/1936

TROYANO Hector (COL)
Vice-président pour la Conf panaméricaine 10/04/1980 au 25/04/1981

TSHIMPUMPU Lucien (ZAI)
Vice-président pour l'Afrique : 24/04/1970 au 11/04/1976
Membre honoraire depuis le 07/05/1988

VADAS G. (HUN)
Vice-président : 05/08/1928 au 31/07/1936

VALDES Pedro (ARG)
Vice-président : 10/11/1978 au 28/05/1979

VALSANGIACOMO Licinio (SUI)
Trésorier : 25/01/1956 au 15/05/1964
Membre honoraire depuis le 15/05/1964

VAN EECKELEN Florent (BEL)
Membre : 25/01/1956 au 19/03/1960

VAUCHER (EGY)
Membre : 03/07/1924 au 05/08/1928

VIDAL Maurice (FRA)
Vice-président : 04/05/1973 au 10/06/1982
1er vice-président : 10/06/1982 au 29/04/1985
Vice-président : 29/04/1985 au 07/05/1988

WAGENER Eugen (FRG)
Membre : 30/07/1952 au 25/01/1956
Vice-président : 25/01/1956 au 19/03/1960
Membre honoraire : 19/03/1960 au 25/06/1965

WOZNIAK Edward (POL)
Membre pour l'Europe : 25/04/1981 au 01/10/1981

WU Zhon Yuan (CHN)
Membre : 29/04/1985 au 30/04/1994

YAMALUDIN Yusof (MAL)
Membre pour l'Asie : 20/04/1991 au 30/04/1995

ZANDI Manoucher (IRI)
Membre depuis le 25/05/2001

## Les dirigeants de l'AIPS par pays

Allemagne

BAUER, Adolf ; BOLLMANN, Hans ; CAMMANN, Karl-Heinz ; DOERRY, Kurt ; LAASER, Erich ; STOKINGER, Jörg ; WAGENER, Eugen.

Argentine

CAZO, Wilfredo ; CEREGHETTI, Jorge Hernan ; LENCINA, Hugo Alberto ; VALDES, Pedro.

Autriche

STRABL, Josef.

Belgique

BOIN, Victor ; DUPUIS, Marcel ; GERMAIN, Fernand ; HAUTEKEET, Léon ; HERBAUTS, Antoine ; HERDIES, Jean ; JANSSENS, Aloïs ; MESTAG, Albert ; MICHELS, Mick ; MONTEYNE, Julien ; VAN EECKELEN, Florent.

Brésil

COELHO DOS SANTOS, Vinicius ; COLELLA, Emilio ; DERRICO, Mario ; NOGUEIRA, Aderson Maia ; PINHEIRO, Mauro.

Bulgarie

STOTOILOFF, Tchavdar.

Burundi

HARERIMANA, Tharcisse.

Cameroun

LOBE, Antoine.

Canada

GARCIA, Carlos ; GROSS, George ; INGRAM, William H.

Chili
FACUSE HERESI, Juan.

Chine populaire
HE Huixian ; WU Zhon Yuan.

Colombie
MONCADA, Armando ; TROYANO, Hector.

Congo
FOUTOU, Jean Gilbert ; MALONGA, Robert Steph.

Corée du Sud
CHO Kwang-sik ; PARK Kap-chul.

Côte d'Ivoire
OUATTARA, Hegaud.

Cuba
DE SIMEROS, Orlando.

Danemark
ANDERSEN, Emile.

Égypte
NOAMAN, Abdelmajid ; SHEMAIS, Mohamed ; VAUCHER.

Espagne
LORENTE, José Maria ; MASFERRER, Narciso ; MELCON, Ramon ; MERCE VARELA, Andres.

Estonie
LOVI, Oskar.

États-Unis
LOCHMER, John ; TOPPING, Tom.

Finlande
HÄGGBLOM, Stig ; SALMENKYLA, Matti ; SEVON, Enzio.

France
BREYER, Victor ; BRUNI, Georges ; DRIGNY, Émile-Georges ; DENIS, Charles ; LEVITAN, Félix ; LUNZENFICHTER, Alain ; REICHEL, Frantz ; REICHEL, Marcel ; VIDAL, Maurice.

Grande-Bretagne
BESFORD, Pat ; BOND, Trevor ; ENGLAND, Harry ; GLARNER, André ; Mc GOWRAN, William ; MORGAN, Vernon ; NAIDOO, Bobby ; TAYLOR, Frank.

Grèce
SPORIDIS, Elie ; THEODORAKOPOULOS, Yannis.

Hongrie
BOSKOVICS, Jenö ; GYARFAS, Tamas ; GYULAI, Istvan ; MAMUSICH, Michael ; SOMOGYI, Vilnos ; SZOMBATHY, Istvan ; VADAS, G.

Inde
GOSH, Shyam Sundar.

Iran
ZANDI, Manoucher.

Iraq
RAZZAK HASSAN, Dhia Abdul.

Italie
BOCCALI, Leone ; CASALBORE, Renato ; COLOMBO, Emilio ; CRESPI, Enrico ; CHIERICI, Luigi ; DELLA PERGOLA, Massimo ; MERLO, Gianni ; ORLANDINI, Fabio ; ROGHI, Bruno.

Japon
KINOSHITA, Tosaku ; MIYAKAWA, Robert T. ; SIGHETOKOU, Bob.

Kenya
MAKORI, Elias.

Koweit
AL-HUSSAINI, Abdul Muhsen ; AL-QANAI, Faisal M.

Luxembourg
BRAUN, Alphonse ; GOEBEL, Emile.

Malaisie
DAS, George ; FAOUZI, Omar ; FERNANDEZ, Johnson ; YAMALUDIN, Yusof.

Malte
CAMENZULI, Charles.

*Au Portugal, en 1994, lors d'une réunion du Comité exécutif, quelques grandes figures de l'AIPS* (© Collection AIPS)

Mexique
GONZALEZ RUZ, Salvador ; MORA, Antonio.

Nigeria
NDUBUOKE, Fan ; OGUNMADE, Lat.

Norvège
ANDERSEN, Peter Christian ; FODSTAD, Sverre.

Pays-Bas
COTTAAR, Jan ; FEITH, Jan ; JANSSENS, A. ; LESTURGEON, Th. ; LEVY, Herman ; STRENGHOLT, Peter.

Pologne
HAUPTMANN, Jean ; SMOGORZEWSKI, Janusz ; SZATKOWSKI, Henryk ; SZENAJH, Aleksander ; WOZNIAK, Edward.

Portugal
OSORIO, Paulo.

République démocratique du Togo
TSHIMPUMPU, Lucien.

République tchèque
HAUPTMANN, M. ; HEINZ, Vilem.

Roumanie
KEPPICH ; NEAGU, Aurel ; PAPAGHEORGHE.

Russie
DOLGOPOLOV, Nikolaï ; GAVRILIN, Viacheslav ; KISSELEV, Nikolaï ; MAKROUSOV, Boris ; SOBOLEV, Pietr.

Suède
BREWITZ, Paul ; EKSTRÖM, Sven ; KARLSSON, Ove ; NILSSON, Leif ; PALLIN, Erik ; STENFELDT, Carl-Gustav ; TEGNER, Torsten.

Suisse
EHINGER, Max ; FÜRGLER, Martin ; KLEINER, Edward ; PUSTELA, Max ; SCHIHIN, Henri ; VALSANGIACOMO, Licinio.

Tunisie
GHOUILA, Amor ; MEDDEB, Mohamed.

Turquie
BAPCUM, Kahraman ; BAYATLI, Togay.

Yougoslavie
MACANOVIC, Hrvoje P.

Venezuela
RAIDI, Abelardo.

## Les congrès de l'AIPS

(1er) 1924 – Paris (FRA) du 1er au 3 juillet ;
(2e) 1928 – Amsterdam (NED) le 5 août
(3e) 1932 – Ostende (BEL) du 25 au 26 juin ;
(4e) 1933 – Varsovie (POL) le 3 juin ;
(5e) 1934 – Luxembourg (LUX) ;
(6e) 1935 – Amsterdam (NED) ;
(7e) 1936 – Bruxelles (BEL) ;
(8e) 1936 – Berlin (GER) le 31 juillet ;
(9e) 1937 – Bruxelles (BEL) ;
(10e) 1938 – Amsterdam (NED) le 31 août ;
(11e) 1947 – Bruxelles (BEL) le 19 juillet ;
(12e) 1948 – Bruxelles (BEL) le 22 mai ;
(13e) 1948 – Londres (GBR) le 11 août ;
(14e) 1950 – Gand (BEL) le 28 avril ;
(15e) 1951 – Luxembourg (LUX) le 10 mars ;
(16e) 1951 – Rome (ITA) du 8 au 10 novembre ;
(17e) 1952 – Helsinki (FIN) le 30 juillet ;
(18e) 1954 – Bâle (SUI) 14 et 15 juin ;
(19e) 1955 – Stuttgart (GER) 4 au 8 mai ;
(20e) 1956 – Cortina d'Ampezzo (ITA) 25 janvier ;
(21e) 1957 – Knokke-le-Zout (BEL) du 23 au 24 septembre ;
(22e) 1958 – Göteborg (SWE) du 3 au 4 juin ;

(23[e]) 1959 – Vienne (AUT) du 4 au 6 mai ;
(24[e]) 1960 – Naples (ITA) du 18 au 19 mars ;
(25[e]) 1961 – Paris (FRA) du 24 au 28 avril ;
(26[e]) 1962 – Madrid (ESP) du 3 au 7 avril ;
(27[e]) 1963 – Lyon (FRA) du 6 au 11 mai ;
(28[e]) 1964 – Munich (FRG) du 11 au 15 mai ;
(29[e]) 1965 – Budapest (HUN) du 27 au 29 avril ;
(30[e]) 1966 – Helsinki (FIN) du 14 au 16 mai ;
(31[e]) 1967 – Berlin (FRG) du 2 au 6 mai ;
(32[e]) 1968 – Bucarest (ROM) du 1[er] au 5 mai ;
(33[e]) 1969 – Bratislava (CZE) du 5 au 12 mai ;
(34[e]) 1970 – Dubrovnik (YUG) du 18 au 24 avril ;
(35[e]) 1971 – Munich (FRG) du 3 au 7 mai ;
(36[e]) 1972 – Florence (ITA) du 23 au 28 avril ;
(37[e]) 1973 – Londres (GBR) du 30 avril au 4 mai ;
(38[e]) 1974 – Torremolinos (ESP) du 25 au 29 avril ;
(39[e]) 1975 – Dublin (IRL) du 7 au 11 avril ;
(40[e]) 1976 – Mexico (MEX) du 14 au 18 avril ;
(41e) 1977 – Milano-Maritima (ITA) 16 au 21 mai ;
(42e) 1978 – Split (YUG) du 7 au 10 novembre ;
(43e) 1979 – Moscou (URS) du 25 au 28 mai ;
(44e) 1980 – Baden-Baden (FRG) du 5 au 10 avril ;
(45e) 1981 – Sao Paulo (BRA) du 22 au 25 avril ;
(46e) 1982 – Athènes (GRE) du 6 au 10 juin ;
(47e) 1984 – Paris (FRA) du 1er au 5 mai ;
(48e) 1985 – Istanbul (TUR) du 24 au 29 avril ;
(49e) 1986 – Barcelone (ESP) 1er au 5 mai ;
(50e) 1987 – Séoul (KOR) du 24 au 28 avril ;
(51e) 1988 – Kinshasa (ZAI) du 1er au 7 mai ;
(52e) 1989 – Göteborg (SWE) du 11 au 16 mai ;
(53e) 1990 – Toronto (CAN) du 17 au 22 mai ;
(54e) 1991 – Nicosie (CYP) du 14 au 20 avril ;

(55e) 1992 – Budapest (HUN) du 28 avril au 2 mai ;
(56e) 1993 – Istanbul (TUR) du 3 au 9 mai ;
(57e) 1994 – Manchester (GBR) du 27 au 30 avril ;
(58e) 1995 – Québec (CAN) du 26 au 30 avril ;
(59e) 1996 – Kuala Lumpur (MAL) du 25 au 29 mars ;
(60e) 1997 – Oviedo (ESP) du 12 au 18 mai ;
(61e) 1998 – Montevideo (URU) du 22 au 24 avril ;
(62e) 1999 – Budapest (HUN) du 25 au 27 juin ;
(63e) 2000 – Fortalezza (BRA) du 22 au 29 avril ;
(64e) 2001 – Toronto (CAN) du 22 au 26 mai ;
(65e) 2002 – Athènes et Olympie (GRE) du 23 au 28 avril ;
(66e) 2003 – Porto (POR) du 28 mai au 1er juin ;
(67e) 2004 – New York (USA) du 3 au 7 juin.

## Les congrès de l'AIPS par pays

### Allemagne

(8e) 1936 – Berlin le 31 juillet ;
(19e) 1955 – Stuttgart 4 au 8 mai
(28e) 1964 – Munich du 11 au 15 mai ;
(31e) 1967 – Berlin du 2 au 6 mai ;
(35e) 1971 – Munich du 3 au 7 mai ;
(44e) 1980 – Baden-Baden du 5 au 10 avril ;

### Autriche

(23e) 1959 – Vienne du 4 au 6 mai ;

### Belgique

(3e) 1932 – Ostende du 25 au 26 juin ;
(7e) 1936 – Bruxelles ;
(9e) 1937 – Bruxelles ;
(11e) 1947 – Bruxelles le 19 juillet ;
(12e) 1948 – Bruxelles le 22 mai ;
(14e) 1950 – Gand le 28 avril ;
(21e) 1957 – Knokke-le-Zout du 23 au 24 septembre ;

Brésil
(45e) 1981 – Sao Paulo du 22 au 25 avril ;
(63e) 2000 – Fortalezza du 22 au 29 avril ;

Canada
(53e) 1990 – Toronto du 17 au 22 mai ;
(58e) 1995 – Québec du 26 au 30 avril ;
(64e) 2001 – Toronto du 22 au 26 mai ;

Corée du sud
(50e) 1987 – Séoul du 24 au 28 avril ;

Croatie
(34e) 1970 – Dubrovnik du 18 au 24 avril ;
(42e) 1978 – Split du 7 au 10 novembre ;

Chypre
(54e) 1991 – Nicosie du 14 au 20 avril ;

Espagne
(26e) 1962 – Madrid du 3 au 7 avril ;
(38e) 1974 – Torremolinos du 25 au 29 avril ;
(49e) 1986 – Barcelone 1er au 5 mai ;
(60e) 1997 – Oviedo du 12 au 18 mai ;

États-Unis
(67e) 2004 – New York du 3 au 7 juin.

Finlande
(17e) 1952 – Helsinki le 30 juillet ;
(30e) 1966 – Helsinki du 14 au 16 mai ;

France
(1er) 1924 – Paris du 1er au 3 juillet ;
(25e) 1961 – Paris du 24 au 28 avril ;
(27e) 1963 – Lyon du 6 au 11 mai ;
(47e) 1984 – Paris du 1er au 5 mai ;

Grande-Bretagne
(13e) 1948 – Londres le 11 août ;
(37e) 1973 – Londres du 30 avril au 4 mai ;
(57e) 1994 – Manchester du 27 au 30 avril ;

Grèce
(46e) 1982 – Athènes du 6 au 10 juin ;
(65e) 2002 – Athènes et Olympie du 23 au 28 avril ;

Hongrie
(29e) 1965 – Budapest du 27 au 29 avril ;
(55e) 1992 – Budapest du 28 avril au 2 mai ;
(62e) 1999 – Budapest du 25 au 27 juin ;

Irlande
(39e) 1975 – Dublin du 7 au 11 avril ;

Italie
(16e) 1951 – Rome du 8 au 10 novembre ;
(20e) 1956 – Cortina d'Ampezzo 25 janvier ;
(24e) 1960 – Naples du 18 au 19 mars ;
(36e) 1972 – Florence du 23 au 28 avril ;
(41e) 1977 – Milano-Maritima 16 au 21 mai ;

Luxembourg
(5e) 1934 – Luxembourg ;
(15e) 1951 – Luxembourg le 10 mars ;

Malaisie
(59e) 1996 – Kuala Lumpur du 25 au 29 mars ;

Mexique
(40e) 1976 – Mexico du 14 au 18 avril ;

Pays-Bas
(2e) 1928 – Amsterdam le 5 août
(6e) 1935 – Amsterdam ;
(10e) 1938 – Amsterdam le 31 août ;

Pologne
(4e) 1933 – Varsovie le 3 juin ;

Portugal
(66e) 2003 – Porto du 28 mai au 1er juin ;

République démocratique du Congo
(51e) 1988 – Kinshasa du 1er au 7 mai ;

Roumanie
(32e) 1968 – Bucarest du 1er au 5 mai ;

Russie
(43e) 1979 – Moscou du 25 au 28 mai ;

Suède
(22e) 1958 – Göteborg du 3 au 4 juin ;
(52e) 1989 – Göteborg du 11 au 16 mai ;

Suisse
(18e) 1954 – Bâle 14 et 15 juin ;

Tchécoslovaquie
(33e) 1969 – Bratislava du 5 au 12 mai ;

Turquie
(48e) 1985 – Istanbul du 24 au 29 avril ;
(56e) 1993 – Istanbul du 3 au 9 mai ;

Uruguay
(61e) 1998 – Montevideo du 22 au 24 avril ;

## Les titre honorifiques de l'AIPS

Président fondateur
Frantz Reichel (FRA) 1932

Président d'honneur
Victor Boin (BEL) 1956
Henri Schihin (SUI) 1960
Félix Lévitan (FRA) 1973
Frank Taylor (GBR) 1993

Secrétaire général d'honneur au vie
Massimo della Pergola (ITA) 1993
Matti Salmenkyla (FIN) 2001

Membre d'honneur
Paul Brewitz (SWE) 1960
Émile Goebel (LUX) 1960

*En 1990, Athènes candidate aux Jeux olympiques du Centenaire en 1996 avait invité bon nombre de membres de l'AIPS. (© Collection AIPS)*

William Mc Gowran (GBR) 1960
Eugen Wagener (GER) 1960
Max Ehinger (SUI) 1964
Licinio Valsangiacomo (SUI) 1964
Jan Cottaar (NED) 1971
Stig Häggblom (FIN) 1973
Josef Strabl (AUT) 1973
Torsten Tegner (SWE) 1974
Lord Killanin (IRL) 1976
Antoine Herbauts (BEL) 1978
Istvan Szombathy (HUN) 1978
Juan Antonio Samaranch (ESP) 1981
Enrico Crespi (ITA) 1981
José Maria Lorente (ESP) 1988
Lucien Tshimpumpu (ZAI) 1988
Fekrou Kidane (ETH) 1988
Aurel Neagu (ROM) 1989
Albert Leikin (URS) 1989
Sheik Fahad Al-Ahmad (KUW) 1990
Istvan Gyulai (HUN) 1993
Abdul Muhsen Al-Hussaini (KUW) 1993
Abelardo Raidi (VEN) 1993
Faisal Fahd Abdul Aziz (KSA) 1993
Jacques Marchand (FRA) 1995
Carl-Gustav Stenfeldt (SWE) 1997
Andres Mercé Varela (ESP) 1997
Robert Tsyushi Miyakawa (JPN) 1997
Joseph Blatter (SUI) 1999
George Gross (CAN) 2001
Karl-Heinz Camman (GER) 2001
Elie Sporidis (GRE) 2001
Jacques Rogge (BEL) 2002
Joao Havelange (BRA) 2003

## Les affiliations au l'AIPS

Afrique du Sud (Afrique) 1992 ; Albanie (Europe) 1992 ; Algérie (Afrique) 1996 ; Allemagne (Europe) 1951 ; Angola (Afrique) 1977 ; Arabie Saoudite (Asie) 1989 ; Argentine (Amériques) ; Arménie (Europe) 1994 ; Australie (Océanie) 1979 ; Autriche (Europe) 1951 ; Azerbajian (Europe) 1997 ; Bangladesh (Asie) 1993 ; Barbade (Amériques) ; Bélarus (Europe) 1992 ; Belgique (Europe) 1945 ; Bénin (Afrique) 2000 ; Bolivie (Amériques) 1997 ; Bosnie-Herzégovine (Europe) 1996 ; Brésil (Amériques) 1978 ; Bulgarie (Europe) 1960 ; Burkina Faso (Afrique) 2000 ; Burundi (Afrique) 1991 ; Cameroun (Afrique) ; Canada (Amériques) 1962 ; Rep Centre africaine (Afrique) 1996 ; Chili (Amériques) 1963 ; Chine Populaire (Asie) 1979 ; Chypre (Europe) ; Colombie (Amériques) 1977 ; Congo (Afrique) ; Rép Populaire du Congo (Afrique) 1970 ; Corée du Sud (Asie) 1973 ; Corée du Nord (Asie) 1986 ; Costa Rica (Amériques) 1986 ; Côte d'Ivoire (Afrique) 1970 ; Croatie (Europe) 1992 ; Cuba (Amériques) ; Danemark (Europe) 1959 ; Rép Dominicaine (Amériques) ; Égypte (Afrique) 1951 ; El Salvador (Amériques) 1984 ; Emirats Arabes Unis (Asie) 1982 ; Equateur (Amériques) 1969 ; Espagne (Europe) 1958 ; Estonie (Europe) 1992 ; États-Unis (Amériques) 1979 ; Ethiopie (Afrique) 1969 ; Fidji (Océanie) 1982 ; Finlande (Europe) 1951 ; France (Europe) 1945 ; FYROM (Europe) 1994 ; Gabon (Afrique) 2000 ; Géorgie (Europe) 1992 ; Ghana (Afrique) 1970 ; Grande-Bretagne (Europe) 1948 ; Grèce (Europe) 1954 ; Guam (Océanie) 1992 ; Guatemala (Amériques) 1988 ; Guinée (Afrique) 1997 ; Haïti (Amériques) 1987 ; Hong Kong (Asie) 1989 ; Honduras (Amériques) 2000 ; Hongrie (Europe) 1959 ; Inde (Asie) 1976 ; Indonésie (Asie) 1969 ; Irak (Asie) ; Iran (Asie) 1988 ; Irlande (Europe) 1970 ; Islande (Europe) 1963 ; Israël (Asie) 1954 ; Italie (Europe) 1945 ; Jamaïque (Amériques) 1985 ; Japon (Asie) 1952 ; Jordanie (Asie) 1982 ; Kazakhstan (Europe) 1993 ; Kenya (Afrique) ; Kuwait (Asie) 1977 ; Kyrgyzstan (Europe) 1996 ; Lettonie (Europe) 1992 ; Liban (Asie) 1968 ; Liberia (Afrique) ; Libye (Afrique) 1993 ; Liechtenstein (Europe) 2001 ; Lituanie (Europe) 1992 ; Luxembourg (Europe) 1945 ; Macao (Asie) 1998 ; Madagascar (Afrique) ; Malaisie (Asie) 1969 ; Malte (Europe) 1973 ; Maroc (Afrique) ; Maurice (Afrique) 2000 ; Mauritanie (Afrique) 2000 ; Mexique (Amériques) 1963 ; Moldavie (Europe) 1993 ; Monaco (Europe) 1987 ; Mongolie (Asie) 1992 ; Népal (Asie) 1992 ; Nicaragua (Amériques) 1984 ; Niger (Afrique) 2000 ; Nigeria (Afrique) 1970 ; Norvège (Europe) 1945 ; Nouvelle-Zélande (Océanie) 1980 ; Ouganda (Afrique) 1985 ; Ouzbekistan (Europe) 1993 ; Pakistan (Asie) ; Palestine (Asie) 2002 ; Panama (Amériques) 1984 ; Paraguay (Amériques) 1959 ; Pays-Bas (Europe) 1945 ; Pérou (Amériques) 1959 ; Pologne (Europe) 1958 ; Porto Rico (Amériques) 1965 ; Portugal (Europe) 1966 ; Qatar (Asie) 1982 ; Roumanie (Europe) 1963 ; Russie (Europe) 1992 ; Rwanda (Afrique) 1996 ; Saint-Domingue (Amériques) 1986 ; Saint-Marin (Europe) 1985 ; Sénégal (Afrique) 2000 ; Sierra Leone (Afrique) 1991 ; Slovaquie (Europe) 1993 ; Slovénie (Europe) 1992 ; Somalie (Afrique) 2000 ; Soudan (Afrique) 1979 ; Sri-Lanka (Asie) 1991 ; Suède (Europe) 1945 ; Suisse (Europe) 1945 ; Surinam (Amériques) 1996 ; Swaziland (Afrique) 1991 ; Syrie (Asie) 1984 ; Tanzanie (Asie) 1996 ; Rep Tchèque (Europe) 1993 ; Thaïlande (Asie) 1991 ; Trinidad et Tobago (Amériques) 1980 ; Tunisie (Afrique) ; Turkménistan (Europe) 1993 ; Turquie (Europe) 1964 ; Ukraine (Europe) 1993 ; Uruguay (Amériques) 1982 ; Venezuela (Amériques) 1959 ; Yémen (Asie) 1982 ; Yougoslavie (Europe) 1964 ; Zimbabwe (Afrique) 1988.

## Les commissions spécialisées

Commission athlétisme – président Gianni Merlo (ITA)
Commission aviron – en cours de réorganisation
Commission badminton – président William Kings (GBR)
Commission base-ball – en cours de réorganisation
Commission basket – président Noah Klieger (ISR)
Commission bob et luge – en cours de réorganisation
Commission boxe – en cours de réorganisation
Commission canoë-kayak – président Raymond Kamber (SUI)
Commission cyclisme – en cours de réorganisation
Commission escrime – président Wolf Günthner (GER)
Commission football – président Togay Bayatli (TUR)

Commission gymnastique – en cours de réorganisation
Commission handball – président Günter Pfeistlinger (AUT)
Commission haltérophilie – président Alain Lunzenfichter (FRA)
Commission hockey sur gazon – président S. Thyagarajan (IND)
Commission hockey sur glace – président Klaus Theiner (AUT)
Commission judo – président Egon Theiner (AUT)
Commission lutte – président Ali Gümüs (TUR)
Commission natation – présidente Anita Lonsbrough (GBR)
Commission patinage artistique – Arthur Werner (GER)
Commission patinage de vitesse – présidente Marina Witte (NED)
Commission pentathlon moderne – président Dieter Kühnle (GER)
Commission photographes – Kurt Zimmermann (SUI)
Commission ski nordique et biathlon – président Rolf Arne Odiin (NOR)
Commission tennis de table – président Emanuel Fantaneanu (ROM)
Commission tir – président Wolfgang Schreiber (GER)
Commission tir au l'arc – en cours de réorganisation
Commission volley – président George Stefanis (GRE)
Commission de marketing – George Gross (CAN)
Commission de formation – Alain Lunzenfichter (FRA)

## Les champions de l'AIPS

### Hommes

1965 – Ronald Clarke (AUS), athlétisme.
1966 – Jim Ryun (USA), athlétisme.
1967 – Jim Ryun (USA), athlétisme.
1968 – Bob Beamon (USA), athlétisme.
1969 – Rod Laver (AUS), tennis.
1970 – Eddy Merckx (BEL), cyclisme.
1971 – Eddy Merckx (BEL), cyclisme.
1972 – Mark Spitz (USA), natation.

1973 – Jacky Stewart (GBR), automobile.
1974 – Johan Cruyff (NED), football.
1975 – Muhammad Ali (USA), boxe.
1976 – Alberto Juantorena (CUB), athlétisme.
1977 – Alberto Juantorena (CUB), athlétisme.
1978 – Henry Rono (KEN), athlétisme.
1979 – Sebastian Coe (GBR), athlétisme.
1980 – Eric Heiden (USA), patinage de vitesse.
1981 – Sebastian Coe (GBR), athlétisme.
1982 – Daley Thompson (GBR), athlétisme.
1983 – Carl Lewis (USA), athlétisme.
1984 – Carl Lewis (USA), athlétisme.
1985 – Serguei Bubka (URS), athlétisme.
1986 – Diego Maradona (ARG), football.
1987 – Ben Johnson (CAN), athlétisme.
1988 – Carl Lewis (USA), athlétisme.
1989 – Roger Kingdom (USA), athlétisme.
1990 – Steve Backley (GBR), athlétisme.
1991 – Carl Lewis (USA), athlétisme.
1992 – Kevin Young (USA), athlétisme.
1993 – Miguel Indurain (ESP), cyclisme.
1994 – Johann Olav Koss (NOR), patinage de vitesse.
1995 – Jonathan Edwards (GBR), athlétisme.
1996 – Michael Johnson (USA), athlétisme.
1997 – Wilson Kipketer (DEN), athlétisme.
1998 – Hailé Gebrselassie (ETH), athlétisme.
1999 – Michael Johnson (USA), athlétisme.
2000 – Steve Redgrave (GBR), aviron.
2001 – Michael Schumacher (GER), automobile.
2002 – Einar Björndalen (NOR), biathlon.
2003 – Lance Armstrong (USA) cyclisme.

Dames

1973 – Kornelia Ender (GDR), natation.
1974 – Irina Szewinska (POL), athlétisme.
1975 – Kornelia Ender (GDR), natation.
1976 – Nadia Comaneci (ROM), gymnastique.
1977 – Rosemarie Ackermann (GDR) athlétisme.
1978 – Tracy Caulkins (USA), natation.
1979 – Marita Koch (GDR), athlétisme.
1980 – Barbara Krause (GDR), natation.
1981 – Ute Geweniger (GDR), natation.
1982 – Marita Koch (GDR), athlétisme.
1983 – Jarmila Kratochvilova (CZE), athlétisme.
1984 – Martina Navratilova (USA), tennis.
1985 – Marita Koch (GDR), athlétisme.
1986 – Heike Drechsler (GDR), athlétisme.
1987 – Steffi Graf (FRG), tennis.
1988 – Florence Griffith-Joyner (USA), athlétisme.
1989 – Ana Quirot (CUB), athlétisme.
1990 – Merlene Ottey (JAM), athlétisme.
1991 – Katrin Krabbe (GER), athlétisme. Non remis.
1992 – Monica Seles (YUG), tennis
1993 – Franziska Van Almsick (GER), natation.
1994 – Ljubov Jegorova (RUS), ski nordique.
1995 – Steffi Graf (GER), tennis.
1996 – Michelle Smith (IRL), natation.
1997 – Martinas Hingis (SUI), tennis.
1998 – Marion Jones (USA), athlétisme.
1999 – Gabriella Szabo (ROM), athlétisme.
2000 – Marion Jones (USA), athlétisme.
2001 – Jennifer Capriati (USA), tennis.
2002 – Janica Kostelic (CRO), ski alpin.
2003 – Maria Mutola (MOZ) athlétisme.

Équipes

1973 – Equipe d'URSS de hockey sur glace (URS).

1974 – Equipe de football de la République fédérale allemande (FRG) vainqueur de la Coupe du monde.

1975 – Equipe de football du Bayern de Munich (FRG).

1976 – Equipe nationale de football de Tchécoslovaquie (CZE) vainqueur de la Coupe d'Europe des Nations.

1977 – Equipe de football du Liverpool FC (GBR).

1978 – Equipe nationale de football d'Argentine (ARG) vainqueur de la Coupe du monde.

1979 – Equipe d'URSS de hockey sur glace (URS).

1980 – Equipe nationale de football de la République fédérale allemande (FRG).

1981 – Equipe d'URSS de hockey sur glace (URS).

1982 – Equipe nationale de football d'Italie (ITA) vainqueur de la Coupe du monde.

1983 – Equipe nationale d'Italie (ITA) de basket.

1984 – Equipe de France de football (FRA) vainqueur de l'Euro 84.

1985 – Equipe de football de la Juventus de Turin (ITA) vainqueur de la Coupe d'Europe des clubs champions.

1986 – Equipe d'Argentine de football (ARG) vainqueur de la Coupe du monde.

1987 – Equipe de football du FC Porto (POR).

1988 – Equipe de football des Pays-Bas (NED) vainqueur de l'Euro 88.

1989 – Equipe de football de l'AC Milan (ITA) vainqueur de la Coupe d'Europe des clubs champions.

1990 – Equipe de football de la République fédérale allemande (FRG) vainqueur de la Coupe du monde.

1991 – L'équipe américaine du 4 x 100 m (USA) champion du monde à Tokyo.

1992 – Equipe nationale de basket des USA, la « Dream team » championne olympique au Barcelone.

1993 – Equipe de basket des Chicago Bulls, vainqueur du championnat NBA.
1994 – Equipe nationale de football du Brésil (BRA) vainqueur de la Coupe du monde.
1995 – Equipe de football de l'Ajax d'Amsterdam (NED).
1996 – Equipe nationale de football du Nigeria (NGR), championne olympique au Atlanta.
1997 – Equipe du Borussia Dortmund (GER).
1998 – Equipe de France de football (FRA) vainqueur de la Coupe du monde.
1999 – Equipe de football de Manchester United (GBR).
2000 – Equipe de France de football (FRA) vainqueur de l'Euro 2000.
2001 – Equipe de football du Bayern Munich (GER).
2002 – Equipe du Brésil de football (BRA) vainqueur de la Coupe du monde.
2003 – Equipe d'Angleterre de rugby (ANG) vainqueur de la Coupe du monde.

## Meilleures installations de presse

1966 – Championnats d'Europe d'athlétisme au Budapest (HUN).
1967 – Championnats du monde de hockey sur glace au Vienne (AUT).
1968 – Jeux olympiques d'hiver de Grenoble (FRA).
1969 – Championnats d'Europe d'athlétisme au Athènes (GRE).
1970 – Coupe du monde de football au Mexique (MEX) et championnats du monde de ski nordique au Strbske Pleso (TCH).
1971 – Championnats d'Europe d'athlétisme au Helsinki (FIN).
1972 – Jeux olympiques de Munich (GER).
1973 – Championnats du monde de natation au Belgrade (YUG).
1974 – Coupe du monde de football en Allemagne (GER).
1975 – Aucun prix décerné.
1976 – Jeux olympiques d'hiver au Innsbruck (AUT).

1977 – Coupe du monde d'athlétisme au Düsseldorf (GER).

1978 – Coupe du monde de football en Argentine (ARG).

1979 – Championnats d'Europe de basket hommes au Turin (ITA).

1980 – Jeux olympiques d'été au Moscou (URS).

1981 – Coupe du monde d'athlétisme au Rome (ITA).

1982 – Championnat d'Europe d'athlétisme au Athènes (GRE).

1983 – 1er Championnat du monde d'athlétisme au Helsinki (FIN).

1984 – Jeux olympiques d'hiver au Sarajevo (YUG) et Jeux olympiques d'été au Los Angeles (USA).

1985 – Championnats d'Europe d'athlétisme en salle au Athènes (GRE).

1986 – 10e Jeux asiatiques au Séoul (KOR).

1987 – Eurobasket 1987 au Athènes (GRE).

1988 – Jeux olympiques de Séoul (KOR).

1989 – Championnats du monde de ski nordique au Lahti (FIN), finale de la coupe d'Amérique du Sud de football au Rio (BRA) et Jeux de la paix et de l'amitié au Koweit City (KUW).

1990 – Coupe du monde de football en Italie (ITA).

1991 – Championnats du monde d'athlétisme au Tokyo au Japon (JPN).

1992 – Jeux olympiques d'été au Barcelone (ESP).

1993 – Tour de France cycliste (FRA).

1994 – Jeux olympiques d'hiver de Lillehammer (NOR).

1995 – Championnats d'Europe de basket au Athènes (GRE).

1996 – Championnats d'Europe des Nations de football en Angleterre (GBR).

1997 – Championnats du monde d'athlétisme, au Athènes, en Grèce (GRE).

1998 – Coupe du monde de football, France 98 (FRA).

1999 – Championnats du monde d'haltérophilie, au Athènes, en Grèce (GRE).

2000 – Jeux olympiques d'été de Sydney (AUS).

2001 – Championnats du monde d'athlétisme au Edmonton (CAN).

2002 – Coupe du monde de football, Japon (JPN) et Corée (KOR).

2003 – Championnats du monde d'athlétisme au Paris (FRA).

## Journée de la presse sportive[1]

1995 – Sur le Tour de France cycliste au Saint-Brieuc (FRA).

1996 – au Olympie (GRE) pour le Centenaire de la renaissance des Jeux olympiques modernes.

1997 – au Lausanne (SUI), ville olympique.

1998 – au Paris (FRA), lors de la Coupe du monde de football.

1999 – au Budapest (HUN), pour le 75e anniversaire de l'AIPS.

2000 – au Rotterdam (NED), pour la finale de l'Euro 2000 de football.

2001 – au Moscou (RUS), lors de la 112e session du CIO.

2002 – au Yokohama (JPN), pour la finale de la Coupe du monde de football.

2003 – Il n'y a plus de ville spécifique responsable de l'organisation de la journée de la presse sportive. Toutes les associations ont le loisir d'organiser leur journée quand bon leur semble.

## Les présidents continentaux

ASPU (Asian Sport Press Union) – 1978-1981 : Robert Tsyushi Miyakawa (JPN) ; 1981-1988 : Abdul Muhsen Al-Hussaini (KUW) ; 1988- : Park Kap-chul (KOR).

FEPEDA (Federacion de periodistas despotivos de America) – 1968-1982 : Salvador Gonzalez Ruz (MEX) ; 1982-1998 : Abelardo Raidi (VEN) ; 1998-2003 : Juan Facuse Heresi (CHI) ; 2003- : Carlos Garcia (CAN).

---

À l'image du CIO qui a mis en place une journée olympique, le 23 juin, à la demande du président Bayatli, Alain Lunzenfichter a créé celle de l'AIPS chaque 2 juillet. Il a organisé la première célébration à l'occasion du Tour de France 1995, ainsi qu'une mémorable journée lors de la Coupe du monde 1998, en présence de Joseph Blatter, Lennart Johansson, Michel Platini et de nombreuses autres personnalités. Alain Lunzenfichter eut durant la cérémonie le privilège de lire un message de Jacques Chirac, président de la République française.

*Durant plus de vingt ans l'ancien secrétaire général de l'AIPS, Matti Salmenkyla fut responsable de la distribution des places aux Jeux olympiques.*
*À Athènes, aux JO de 2004, Gaby Steinegger tentera de le remplacer avec son mari.*
(© Collection AIPS)

UEPS (Union européenne de la presse sportive) – 1977-1981 : Frank Taylor (GBR) ; 1981-1982 : Edward Wozniak (POL) président par intérim ; 1982-1994 : Elie Sporidis (GRE) ; 1994-1998 : Gianni Merlo (ITA) ; 1998- : Leif Nilsson (SWE).

UJSA (Union des journalistes sportifs africains) – 1970-1974 Lucien Tshimpumpu (RDC) ; 1974-1978 : Abdelmajid Noaman (EGY) 1978-1997 Robert Steph Malonga (COG) ; – 1999- Union suspendue.

# *Bibliographie*

## Ouvrages

ALIX François-Xavier, *Une éthique pour l'information, de Gutemberg à Internet,* Ed. L'Harmattan, Paris, 1997.

BERTRAND Claude-Jean, *Déontologie des médias*, Ed. PUF, Paris, 1997.

BODIN Dominique, *Sport et violence*, Ed. Chiron, Paris, 2001.

BOURDIEU Pierre, *Questions de sociologie*, Les Editions de Minuit, 1984.

BOURG Jean-François, et GOUGUET Jean-Jacques, *Analyse économique du sport*, Ed. PUF, Paris, 1998.

DELPORTE Christian, *Histoire du journalisme et des journalistes en France*, Ed. PUF, Paris, 1995.

DELPORTE Christian, *Les journalistes en France, 1880-1950, Naissance et construction d'une profession*, Ed. Seuil, Paris, 1999.

DURET Pascal, et TRABAL Patrick, *Le sport et ses affaires. Une sociologie de la justice de l'épreuve sportive*, Ed. Métailié, Paris, 2001.

GABASTON Pierre, et LECONTE Bernard, *Sport et télévision. Regards croisés*, Ed. L'Harmattan, Paris, 2000.

GIRAUDOUX Jean, *Le sport*, Ed. Hachette, Paris, 1928.

GODDET Jacques, *L'Equipée belle*, Ed. Robert Laffont-Stock, Paris, 1991.

GUAY D., *La culture sportive*, Ed. PUF, Paris, 1993.

KREBS Hans-Dieter, *Kurt Doerry, reporter olympique*, Bulletin du Congrès Olympique du Centenaire, Paris, 1994.

LECONTE Bernard, *Pour moins de 10 secondes d'éternité*, Communications, n° 67, Ed. Seuil, Paris, 1998.

LORENTE José-Maria, *Historia de la AIPS*, de Paris 1924 à Oviedo 1997, Ed. Ayuntamiendo de Oviedo, 1997.

LUNZENFICHTER Alain, *Les médias et l'Olympisme, une alliance fructueuse*, intervention lors du 30e congrès et Assemblée Générale de l'AGFIS, Monaco, 18 octobre 1996.

LUNZENFICHTER Alain, *Athènes (1896) à Pékin (2008), choix épiques des villes olympiques*, Ed. Atlantica, Paris, 2002.

MAITROT Eric, *Sport et Télé, les liaisons secrètes*, Ed. Flammarion, Paris, 1995.

MANEVY Raymond, *Histoire de la presse 1914-1939*, Ed. Correa, 1945.

MARCHAND Jacques, *La presse sportive*, collection connaissance des médias, CFPJ septembre, Paris, 1989.

MARCHAND Jacques, *Le cyclisme*, Ed. Table Ronde, Paris, 1963.

MARCHAND Jacques, *Les défricheurs de la presse sportive*, Ed. Atlantica, Biarritz, 1999.

MARCHAND Jacques, *Les patrons du Tour, d'Henri Desgrange à Jean-Marie Leblanc*, Ed. Atlantica, Biarritz, 2003.

MARCILLAC Raymond, *Sport et Télévision*, Ed. Albin Michel, Paris, 1963.

NEVEU Erik, *Sociologie du journalisme*, Ed. La découverte, Paris, 2001.

PIGEAT Henri, *Médias et déontologie. Règles du jeu ou jeu sans règles*, Ed. PUF, Paris, 1997.

RUELLAN Denis, *Le professionnalisme du flou*, Ed. Presses Universitaires de Grenoble, 1993.

SEIDLER Édouard, *Le sport et la presse*, Ed. Armand Colin, Paris, 1964.

THOMAS Raymond, *Le sport et les médias*, Ed. Vigot, Paris, 1994.

THOMAS Raymond, *Histoire du sport*, coll : « Que sais-je », Paris, 1999.

VIALLON Philippe, *L'analyse du discours de la télévision*, Presses Universitaires de France, coll : « Que sais-je », Paris, 1996.

VIGARELLO Georges, *Un show quasi universel : métamorphoses du spectacle sportif*, Esprit, Paris, 1987.

WILLE Fabien, *Le Tour de France : un modèle médiatique*, Ed. Presses universitaires du Septentrion, Lille, 2003.

YONNET Paul, *Système des sports*, Ed. Gallimard, Paris, 1998.

## Journaux et revues consultés

*AIPS News, Annuaires de l'AIPS, Bulletin du Congrès Olympique du Centenaire, Corriere dello Sport, El Mundo Deportivo, EPS, Esprit, France-Football, France-Soir, International sports, Kicker, La bicyclette, La Dernière Heure, La Gazzetta Dello Sport, L'Auto, L'Auto-Vélo, La Vie au grand air, La Meuse, La revue des sports, La Revue Vélocipédique, L'Écho de Paris, Le cycle, Le cyclisme, Le Figaro, Le Journal du Dimanche, Le Matin, Le Monde, Le Monde cycliste, Le Petit Journal, Le Progrès, Le Provençal, L'Équipe, L'Équipe Magazine, Les nouvelles sportives du Luxembourg, Les Sports Athlétiques, Les Sports de Bruxelles, Le Temps, Le Petit Parisien, Le Soir de Bruxelles, Le Sport, Le Sport de Zurich, Le Vélo, Le Vélocipède, Le Vélocipède illustré, Le vélo drôle, Le Cyclisme, L'Humanité, Libération, L'Illustration, Marca, L'Intransigeant, Los Angeles Times, Miroir des sports, Miroir Sprint, Nepsport, New York Herald, New York Post, Nice Matin, Ouest-France, Paris-Jour, Paris-Soir, Paris-Vélo, Presse Actualité, Revue olympique, Sports Illustrated, Sport Mondial, Sport et Vie, Sportul Popular, Sportwereld, Sovietski sport, Sud-Ouest, Revue de l'UEPS, Sport Vélocipédique, Stadio, Times, Tuttosport, Véloceman, Véloce-sport, Vélocipède.*

*Remerciements*

Ce livre est le produit d'une belle histoire d'amour avec l'Association internationale de la presse sportive (AIPS) et le fruit de connivences avec ceux qui ont lutté pour la défense des droits mais aussi des devoirs des journalistes sportifs. Qu'Erw Barthel, Togay Bayatli, Trevor Bond, Jenö Boskovics, Tamas Ajan, Charles Camenzuli, Karl-Heinz Camman, George Das, Ingrid Domonics-Lakatos, Albertina Ercsey Orban, Nikolaï Dolgopolov, Jean-Pierre Gallois, Carlos Garcia, Agnés Gergelyi, George Gross, Michel Hénault, Juan Facuse Heresi, Patrick Issert, Fékrou Kidane, Hans-Dieter Krebs, Dieter Künhle, Serge Laget, Le Prince Albert de Monaco, Félix Levitan, José-Maria Lorente, Jean-Marc Michel, Aniko Némethné Mora, Morley Myers, Leif Nilsson, Robert Parienté, Park Kap-chul, Bernard Périsse, Jean-François Renault, Matti Salmenkyla, Édouard Seidler, Elie Sporidis, Carl-Gustav Stenfeldt, Frank Taylor, Yannis Theodorakopoulos, Philippe Van de Meyer, Maurice Vidal et sans doute quelques autres oubliés au fil des année soient remerciés pour leur sollicitude. Ma reconnaissance va tout particulièrement à Jacques Marchand qui m'a apporté une aide très précieuse.

A.L.

# *Table des matières*

# Le sport chez **atlantica**

**Natation**

*100 ans de natation française,* Gilles Navarro, 2003

*Nager²*, Eric Legrand, 2001

*Entrainement VII, analyse de la performance chez les minimes, cadets et juniors, F.F.N.,* collectif sous la direction de Philippe Hellard, 2002

*Entraînement VI, méthodologie, F.F.N.,* collectif sous la direction de Philippe Hellard, 2001

*La natation synchronisée, performance et créativité,* Anne-Marie Clémençon, 2000

*Entrainement V, méthodologie, F.F.N.,* collectif sous la direction de Philippe Hellard,1998

*Entrainement IV, stratégie d'optimisation, F.F.N.,* collectif sous la direction de Philippe Hellard, 1998

*Entrainement III, programmation et plannification, F.F.N.,* collectif sous la direction de Philippe Hellard, 1998

*Entrainement II, analyse de l'activité, F.F.N.,* collectif sous la direction de Philippe Hellard, 1997

*Entrainement I, réflexions méthodologiques, F.F.N.,* collectif sous la direction de Philippe Hellard, 1997

**Rugby**

*La finale 63. Passe-croisée à Rugby-les-Pins,* Olivier de Baillenx, 2003

*Peyrehorade – 100 ans de rugby,* Stéphane Getten, 2003

*Entraînement et suivi psychologique, rugby,* Michel Verger, 2003

*À propos de rugby, compil des citations,* Pierre Salviac, 2003

*Mon sac de rugby,* Jacky Adole, 2002

*Un siècle de rugby à Bayonne,* Manuel Castiella, 2001

*Garuche, Jean-Pierre Garuet Pilier de cathédrale,* Jean-Jacques Rollat, 1999

*Rugby en toutes lettres,* Françoise, Serge et Lionel Laget, 1999

*Rugby à Pau, Histoire ancienne (jusqu'en 1914),* Jacques Staes, 1997

*T'as compris le coup ?,* Ill. de Michel Iturria, textes de Pierre Verdet, 1996

**Jeux Olympiques – Compétitions**

*La Galaxie Olympique. D'Athènes à Athènes,* Nicole Pellissard-Darrigrand, 2004

*L'or français en athlétisme,* Alain Lunzenfichter, 2003

*De Marathon au marathon,* 2e édition, Alain Lunzenfichter, 2003

*Athènes... Pékin (1896-2008), choix épiques des villes olympiques,* Alain Lunzenfichter, 2002

*Les Jeux défigurés - Berlin 1936,* Jean-Michel Blaizeau, 2000

*L'Année des Médailles, 1968 Grenoble,* Paul Zilbertin, 1997

**Voile**

*Sillage,* avec la collaboration de Pierre-Marie Nousbaum, Didier Munduteguy, 2002

**Sports de glisse**

*Les tontons surfeurs. Aux sources du surf français,* Alain Gardinier, 2004
*Le guide complet du surf,* Peter Dixon, 2003
*Les vagues de A à Z,* Antony Colas, 2003
*Uhaina, l'essence du surf,* Manuel de Lara, 2002
(version trilingue et luxe à-paraître en 2003)
*Bodysurf, aux origines du surf,* Bruno Masurel, Hugo Verlomme, 2002
*Bodyboard Book,* Laurent Sarrailh, 1996

**Football**

*Histoires de maillots, Football,* Nicolas Jeanneau, 2000
*Coups de crayon sur le Mondial,* Lem, 1998

**Golf**

*Contes et nouvelles du golf,* Georges Jeanneau, 2001
*Le golf en France, quelques siècles d'histoire,* Georges Jeanneau, 1999
*Pau Golf club, le St Andrews du Continent,* Aude Caillé, 1990

**Randonnées**

*Secours pour randonneurs en montagne,* Guy Batby, 2001
*Ski randonnées I, Luchonnais, Val d'Aran, Encantats, Aneto, Posets,* Raymond Ratio, 2001
*Ski randonnées II, Hautes-Pyrénées, Haut-Aragon,* Raymond Ratio, 2001
*Randonnées à skis en Béarn et Aragon, circuits raquettes,* Raymond Ratio, 1996
*Le Marcadau insolite,* Jean Dalavat, 1992
*Les 3000 des Pyrénées, une étude encyclopédique,* Jean Buyse, 1992

**Hand**

*Hand 2003, hors-série Photo Nouvelles,* Philippe Pailhoriès, 2003
*Hand 2002, hors-série Photo Nouvelles,* Philippe Pailhoriès, 2002
*Hand 2001, hors-série Photo Nouvelles,* Philippe Pailhoriès, 2001
*Hand 2000, hors-série Photo Nouvelles,* Philippe Pailhoriès, 2000

**Cyclisme**

*Maillot jaune. Regards croisés sur le centenaire du Tour de France,*
co-édition Atlantica / Musée du Sport, collectif, 2003
*L'éclair du destin, Luis Ocaña sur le Tour de France 1973,* Bertrand Lucq, 2000
*L'échappée gasconne,* Bertrand Lucq, 1999

**Mémoires – Littérature**

*À cœur et à piques,* Marcel Hansenne, 2002
*Du Vel d'Hiv au Palais des Sports,* Andy Dickson, 1999

**Culture basque**

*Rebot passion,* Pierre Péré, 2003
*Le jeu, la balle et nous,* Pierre Arramendy, 2000
*Jean-Baptiste Harambillet, joueur de légende,* Bernard Erviti, 1999
*Jeux et Sports Basques,* Zintzo-Garmendia, 1997
*La pelote basque,* Jean-Pierre Allaux, 1993

*Rémi Bertoche, Art, vol. 1,* 2003

**Gingko Press**

*Surf culture : the art history of surfing,* collectif, 2003

**Editions Vent de Terre**

*Style snow,* Mathias Fenneteaux, Mark Gallup,
*Pour un concept d'intégrité fondée sur la mobilité,*
(esquisses d'une résistance 2), Gibus de Soultrait, 2000
*Mr sunset,* Jeff Hackman, 1997

**YEP**

*The stormrider guide North America,*
Drew Kampion, Michael Kew, Bruce Sutherland, 2002
*The snowboard guide Europe,* 2001
*The world stormrider Guide, Le tour du monde en 80 zones de surf,*
Antony Colas, 2001
*The stormrider guide Europe,* 2000
*Surfeur's, Alain Gardinier,* 1998

Achevé d'imprimer
par Privilèges Communication
Rue de Loustalot - 64600 Anglet
le 28 Mai 2004

Dépôt légal : Juin 2004